The London Travelguide

Shopping, Cupcakes & Co

Danksagung

Vielen Dank an alle Besitzer und Besitzerinnen der Geschäfte
und Cafés, in denen ich Fotoaufnahmen machen durfte.
Danke auch an meine Mutter, die bei der letzten Reise
meine beste Freundin Caro ersetzen musste und sich tapfer
als Fotoassistentin in London geschlagen hat.
Ein weiter Dank gebührt Caro dafür, dass sie mit mir
schon so viele besondere Orte in London entdeckt hat,
sowie an Fabe, Verena und Marian, die mich bei der Umsetzung
dieses Buches mental unterstützt haben und an Marc, der noch
den ein oder anderen Tipp für interessante Ecken in London hatte.

Hinweis der Redaktion:

In einer modernen Stadt ist das Leben stets in Bewegung. Geschäfte und Cafés
ziehen um, kommen und gehen. Öffnungszeiten ändern sich und Websites
können umbenannt werden. Die Informationen für dieses Buch wurden
sorgfältig recherchiert, dennoch bitten wir um Verständnis dafür,
dass eine Garantie für deren Richtigkeit nach Veröffentlichung
dieses Buches nicht übernommen werden kann.

© Busse Verlag GmbH, Bielefeld 2014
Fotos, Text, Layout: Silvie Milchers
Nachweise der Hintergrundmuster: Seite 140
Foto S. 76 Great Frog/Hand mit Ring: www.thegreatfroglondon.com
Zitat S. 8 www.brainyquote.com
Druckvorstufe: AW-Grafik und Text, Detmold
Druck und Verarbeitung: Print Design Druck + Medien, Minden
ISBN 978-3-512-04038-2

www.bussecollection.de

Silvie Milchers

The London Travelguide

Shopping, Cupcakes & Co

Inhaltsverzeichnis

Vorwort

Ich bin Silvie, 30 Jahre alt, wohne in Gütersloh, einem kleinen Städtchen in Ostwestfalen, hauptberuflich Rechtsanwältin, und London ist für mich eine der aufregendsten Metropolen der Welt. Der Grund für mich diesen Travelguide zu schreiben, lag darin, dass mich ein Ort noch nie zuvor so in seinen Bann gezogen hat mit seinen verschiedenen Kulturen und Lebenswelten, die dort aufeinander treffen. London wird man niemals leid oder überdrüssig.

Und so fahre ich seit Jahren mit meiner besten Freundin, möglichst mehrmals im Jahr, in die Heimat der Queen und lasse mich von all dem bunten Treiben inspirieren. Natürlich sollte man, wenn man das erste Mal diese großartige Stadt entdeckt, auch einmal am Buckingham Palace vorbeigeschaut, Big Ben „Hallo" gesagt und sich die Kronjuwelen im Tower angeschaut haben. Aber die Stadt bietet mehr abseits der Touristenmassen, und das gerade für uns Mädels …

So habe ich mit meiner Freundin bei jeder Reise immer wieder neue kleine Oasen gefunden, schöne Secondhand-Läden, kleine Cafés, gemütliche Restaurants oder einen schönen Markt. Diese Tipps, die man sonst in Reiseführern eher nicht findet, habe ich über die Zeit gesammelt und möchte sie gerne weitergeben, damit auch andere Mädels, vielleicht sogar mit ihrer besten Freundin, ein paar dieser schönen Ecken besuchen und sich von Londons Magie verzaubern lassen können.

P.S.: Einen näheren Einblick in meine kleine Welt über Mode, Kochen, Reise und Lifestyle finden Sie unter www.silvies-little-things.blogspot.de

„In London I feel free;
nobody bothers anyone and
everyone is free to express
themselves."

Manolo Blahnik, Schuhdesigner

Welcome To London

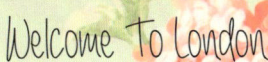

London bietet wirklich für jeden etwas: Kultur in Form historischer Bauwerke, Museen, Galerien, Theater und der großen Musicals. Zudem bieten die großen Parks gute Naherholungsmöglichkeiten und Sportangebote. Weiter gibt es unendliche Möglichkeiten zum Shopping und natürlich hat auch das Abend- und Nachtleben in London eine Menge zu bieten.

So ist ein Kurztrip von Freitag bis Sonntag, zumindest wenn man London zum ersten Mal besucht, deutlich zu kurz und man wird mit dem Gefühl nach Hause kommen, nicht einmal einen Bruchteil der Stadt gesehen zu haben.

Insbesondere, wenn man beim ersten Besuch das typische Tourismusprogramm mitmacht und Buckingham Palace, Westminster Abbey und Tower besuchen möchte, sollte man allein schon für die Warteschlangen an den Eingängen genügend Zeit mitbringen.

Aber diese Attraktionen soll dieser Reiseführer ja nun gerade inhaltlich nicht bedienen ... Denn ich möchte Sie mitnehmen auf eine Reise, bei der die schönen Dinge wie entspanntes Bummeln durch die Einkaufszonen und der Genuss im Vordergrund stehen.

London By Numbers ...

- In Greater London leben 8,3 Mio. Menschen

- Neben Englisch als Amtssprache, werden noch 200 weitere Sprachen, wie Hindi, Griechisch, Kantonesisch, Mandarin etc. dort gesprochen.

- Es gibt 37 ethnische Gruppen.

- Die Jahresdurchschnittstemperatur liegt bei 6 Grad.

- Man kann in 51 Starbucks-Filialen seinen Coffee-To-Go bekommen. In Greater London sogar in über 250 Filialen.

- Die Hälfte der Einwohner sind unter 35 Jahre.

- Die London-Tube befördert täglich 3,2 Mio. Fahrgäste.

- 25.000 schwarzes Taxis, genannt Black Cabs, sind auf den Straßen unterwegs.

- Es gibt 700 verschiedene Buslinien.

- Die neue Shoe Gallery im Nobelkaufhaus Selfridges hat eine Größe von 3250qm, mit mehr als 4000 Modellen von 150 Marken und hierfür 55.000 Paar auf Lager.

- Ca. 10% der Londoner sind Veganer oder Vegetarier.

- Das London Eye ist 135,36 Meter hoch und man kann bis 40 Kilometer weit in die Ferne schauen.

- London verfügt über 200 Parkanlagen.

- Harrods beschäftigt 5000 Mitarbeiter und zur Weihnachtszeit ist die Fassade mit 12.000 Glühbirnen bestückt.

Shopping, Shopping, Shopping ...

In London gibt es unendlich viele Möglichkeiten „shoppen" zu gehen, und was man in London nicht kaufen kann, gibt es wahrscheinlich auch nirgendwo anders zu kaufen.

Man hat die Qual der Wahl bei über 30.000 Geschäften von „klassisch" bis hin zu „hipster" und „trendy", vom Nobelkaufhaus, über kleine Boutiquen, bis hin zu Secondhand-Shops und Flohmärkten.

Die allgemeinen Öffnungszeiten liegen in der Regel zwischen 9.30 Uhr bis 18.00 Uhr, an den großen Straßen bis 20.00 Uhr. Dort sind die Geschäfte zum größten Teil auch an den Sonntagen von ca. 11.00 Uhr bis 18.00 Uhr geöffnet.

Where You find ...

Nun stellt sich die Frage: Wo fängt man bloß an bei
über 30.000 Geschäften?
Hier ein kleiner Überblick,
wo man was finden kann:

Oxford Street & Regent Street

Hierbei handelt es sich um die beiden größten und
wohl auch bekanntesten Shoppingmeilen Londons,
die sich am Oxford Circus kreuzen. Dort haben sich
neben dem Nobelkaufhaus Selfridges hauptsächlich
die großen Ketten, wie H&M, Zara, Marks & Spencer, Primark, Topshop und
andere niedergelassen. Hier bekommt man somit überwiegend junge Mode
zu normalen Preisen. An den Wochenenden muss man es allerdings mögen,
sich durch das Gedränge schieben zu lassen, da diese Meilen gerade dann
besonders überfüllt sind.

Weitere Infos zu Geschäften und Öffnungszeiten:
www.oxfordstreet.co.uk & www.regentstreetonline.com

Luxury Shopping

Wer es gerne teuer und luxuriös liebt und immer auf der Suche nach dem
neuesten Designerstück ist, für den sind die Sloane Street und die
Brompton Road (an der sich auch das Kaufhaus Harrods befindet)
im Stadtteil Chelsea die richtige Adresse.
Hier finden sich alle großen Designer von Chanel, über Dior bis hin zu Burberry.
Aber auch in der Bond Street, welche von der Oxford Street abgeht,
sind alle namhaften Designer vertreten.

www.sloane-street.co.uk
www.bondstreet.co.uk

Shoes, Shoes, Shoes

Marilyn Monroe sagte einst: "Give a girl the right
shoes and she can conquer the world."
Da ist wohl viel Wahres dran und wer die richtigen
Schuhe sucht, findet diese in der Neal Street oder
der South Molton Street, in denen sich fast ein
Schuhgeschäft an das nächste reiht.

Independent Shopping

Wer es independent mag, der geht zum Shoppen auf die Charing Cross Road. Dort finden sich Bücher- und Plattenläden und vieles andere was nicht unter den typischen Mainstream fällt.

Where The Local Go

Die beliebteste Einkaufsmeile der Londoner selber ist die Kings Road. Hier geht es viel entspannter zu als an den anderen großen Shoppingmeilen. Neben Ladenketten, Designerläden und kleineren Labels finden sich Cafés, die zum Verweilen einladen.

www.kingsroad.co.uk

The Swinging Sixties

"Welcome to Carnaby Street" heißt es über den Straßeneingängen der Carnaby Street. Hier war einst die Geburtsstunde der „Swinging Sixties", die unter anderem vom Minirock, den Beatles und Model Twiggy geprägt waren.
Heute ist zwar von der Mode- und Kulturrevolution nicht allzu viel übrig geblieben, aber es finden sich dennoch einige Läden von Nachwuchsdesigner, die einen Besuch wert sind.

www.carnaby.co.uk

Covent Garden

In den ehemaligen Markthallen befinden sich heute viele kleine Einzelhändler sowie Gastronomie in sehr gepflegter Atmosphäre.
In und um die Markthallen herrscht buntes Treiben - so sind immer Straßenkünstler und Gaukler vor Ort, die dort ihre Shows machen. Daneben gibt es zahlreiche Pubs, sowie den Jubilee Market voller Krimskrams.

www.coventgardenlondonuk.com

Notting Hill

Antiquitäten, Antiquitäten, Antiquitäten.
Aber auch ausgefallene Kleidung und
alternative Geschäfte, alles das findet man in
Notting Hill.
Insbesondere die Portobello Road ist die
bekannteste und interessanteste Straße.
Dort findet auch der Portobello Road
Market statt, bei dem es sich um einen
großen Anziehungsmagneten handelt.
Besonders hübsch: Alle Häuser in Notting
Hill sind in einem anderen bunten
Pastellton angestrichen.

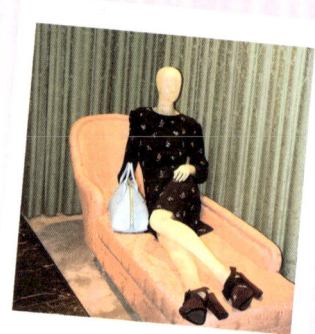

Camden Town

Verrückt, ausgefallen, punkig ... Camden ist
die etwas andere Alternative zum Einkaufen.
Ein Stadtteil im Norden der Stadt.
Es gibt um die Chalk Farm Road
verschiedene Märkte mit schrillen
Klamotten, viel ist hier vom Punk- oder
Gothicstil geprägt. Der Duft von Gewürzen
liegt in der Luft. An jeder Ecke Stände mit
internationalen Delikatessen. Es riecht
nach Wasserpfeifen und Räucherstäbchen.
Alles ist bunt und man kann sich gar nicht
satt sehen. Unbedingt besuchen, ansonsten
verpasst man wirklich etwas.

Hampstead

Etwas außerhalb liegt der Stadtteil
Hampstead.
Einer der schönsten Flecken Londons - denn
hier spielt sich, abseits vom Tourismus, das
richtige britische Leben ab.
So ist man auch beim Einkaufen unter sich.
Alles in schöner und grüner Atmosphäre.
Ganz entspannt. Kleine Geschäfte mit süßen
Deko-Artikeln und zwischendurch macht man
eine Pause im Straßencafé ...

Department Stores

Luxury Shopping At Selfridges

Eines der größten und exklusivsten
Kaufhäuser ist Selfridges, direkt an der
großen Einkaufsmeile Oxford Street gelegen.
Das Angebot erstreckt sich über 6 Etagen,
in denen alle Luxusmarken vertreten sind.
Zudem gibt es eine Spielzeugwelt,
einen Christmas-Shop, sowie eine
gut sortierte Lebensmittelabteilung.

Und nicht zu vergessen die neue
Shoe-Gallery: 4000 verschiedene Modelle von
150 Designern auf über 3000qm Fläche ...
Wenn das kein Argument ist, Selfridges einen
Besuch abzustatten, was dann?!?

Selfridges & Co
400 Oxford Street, London W1A 1AB
Tube: Bond Street

www.selfridges.com

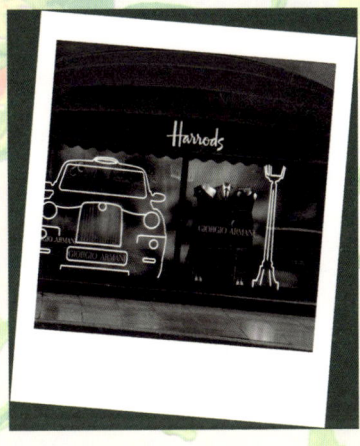

Harrods

Harrods ist wohl eines der bekanntesten Kaufhäuser der Welt und im Besitz der Familie Al-Fayed.
Bis 2001 war Harrods zudem der offizielle Hoflieferant der Queen. Nach dem Tod von Diana und Dodi distanzierte sich das Königshaus jedoch von Harrods als Lieferanten. Im Untergeschoss kann man den Diana-und-Dodi-Gedächtnisbrunnen bewundern.

Bei Harrods lassen sich, wie auch bei Selfridges, alle großen Luxuslabels bewundern.

Besonders hervorzuheben sind jedoch die Harrods Food Halls mit ihren fulminanten Deckenverzierungen und den exklusiven Delikatessenauslagen. Besonders sehenswert ist zudem das Pet Kingdom in der vierten Etage. Dort gibt es wirklich alles zu kaufen, was der kleine Liebling braucht oder auch nicht braucht.
Von der Luxustragetasche für das Häschen über das Designerkleid für den Hund bis hin zum Juwelenhalsband für die Mieze. Und dazu gibt es eine eigene Bäckerei, die immer frische Cupcakes und Hundekekse für unsere liebsten Vierbeiner herstellt.
Ab September gibt es zudem eine große Christmas World mit ausgefallenem Baumschmuck, traumhaft schönen Christmas Cards und allem, was man für das besinnliche Fest sonst noch so benötigt.

Harrods
87-135 Brompton Road,
London SW1X 7XL
Tube: Knightsbridge

www.harrods.com

Shopping im Tudor-Stil ...

Liberty ist wohl das schönste
Kaufhaus in London.
Das 1875 errichtete Gebäude im Tudor-
Stil versprüht außen und innen einen
ganz besonderen Charme. Auf fünf
Stockwerken, die über alte, knarrende,
aus Balken alter Kriegsschiffe
gefertigten Holztreppen zu ergründen
sind, findet man Mode, Kosmetik,
antike Möbel, bei denen es sich
jeweils um sorgfältig ausgewählte
Designerstücke handelt.
Besonders schöne Mitbringsel sind
die Schals und Stoffe mit den
berühmten Liberty Mustern, welche das
Kaufhaus selber designed und die es
in verschiedenen Blumen- und
Paisleymustern zu kaufen gibt. Unabhängig von dem liebevoll
ausgewählten Angebot ist Liberty auch wegen der besonderen
Atmosphäre des Hauses ein Erlebnis.

Liberty
210-220 Regent Street, London W1B 5AH
Tube: Oxford Circus

www.liberty.co.uk

Fortnum & Mason

Wenn man Fortnum & Mason betritt, fühlt man sich sofort in eine andere Zeit versetzt. Schon die Halle des 1707 gegründeten Kaufhauses verleiht einem dieses Gefühl: Große Kristalllüster hängen von den stuckverzierten Decken, alle Regale und Theken sind mit goldenen Ornamenten verziert, man läuft auf einem weichen roten Teppich wie auf Wolken, und man würde sich nicht wundern, wenn jeden Augenblick Mary Poppins das Haus betritt, um Süßigkeiten zu erstehen.

Und wenn man sich die Auslagen anschaut, möchte man sich am liebsten ebenfalls seine eigenen Taschen mit Macarons, kleinen Törtchen, Keksen und Schokolade vollstopfen - einfach nur weil alles so schön bunt und verlockend aussieht. In der oberen Etage gibt es dann übrigens auch gleich die passenden Hüte aus Mary Poppins Zeiten zu kaufen. Wirklich traumhaft!

Fortnum & Mason
181 Piccadilly Street,London W1A 1ER
Tube:Piccadilly Circus oder Green Park

www.fortnumandmason.co.uk

Mall And Outlet Shopping

Wer gerne alle Geschäfte auf einem Fleck vorfindet, der hat die Möglichkeit im Westfield-Shopping-Center einzukaufen. Dort findet man über 265 Geschäfte von Ketten wie H&M, Zara und Debenhams bis hin zu Designergeschäften. Also alles was das Shopping-Herz so begehrt.

www.westfield.com

Für Schnäppchenjäger ist ein Besuch des Outletcenters Bicester Village im Vorort Bicester unumgänglich.
Dort sind alle großen Marken zu finden: Armani, Boss, Belstaff, Burberry, Calvin Klein, Dior, Gucci, Jimmy Choo, Lacoste, Mulberry, Prada, Ralph Lauren, Superdry und Tod´s sind nur einige Marken, die hier genannt seien.

Das Outlet ist wie ein kleines Dorf aufgebaut, in dem jede Marke sein eigenes Geschäft hat. Alles ist zwischen 30-70% günstiger.
Aus London fährt extra mehrmals täglich ein Shuttle-Service zum Outlet.
Wer also immer auf der Suche nach günstiger Designermode ist, dürfte hier genau richtig sein.

www.bicestervillage.com

fashion

Very British ...

Wenn man typisch britische Mode kaufen möchte, geht man zu Burberry oder Vivien Westwood. Das Label Burberry gibt es nun schon seit 1856. Besonderes Markenzeichen ist das karierte Nova-Check Muster und natürlich der beigefarbene Trenchcoat, der seinen Durchbruch spätestens 1961 erlangte, als Audrey Hepburn diesen im Film „Breakfast at Tiffany's" trug. In London gibt es mehrere Filialen des Labels, die schönste befindet sich wohl in der New Bond Street.

Burberry London
21-23 New Bond Street, London W1S 2RE
Tube: Bond Street

www.burberry.com

Ausgefallene Mode bekommt man bei der britischen Modepäpstin Vivienne Westwood. Hier sind die Teile alle bunt und schrill und durch die vielen Stoffe mit Karo-Mustern doch irgendwie sehr britisch.

Vivienne Westwood
44 Conduit Street, London W1S 2YL
Tube: Oxford Circus

www.viviennewestwood.co.uk

Und wer es ganz traditionell möchte, der findet im Highland Store einen schönen Pullover aus Lammwolle und dazu ein passendes Cape aus Tweed oder einen echten Kilt.

Highland Store
105a Portobello Road, London
Tube: Notting Hill Gate

Up To Date

Wer immer die neusten Trends mitmachen möchte, der wird bei Top Shop bestimmt fündig werden. Der Modetempel befindet sich an der Oxford Street und erstreckt sich über mehrere Etagen. Das Sortiment wechselt stetig und ist darauf spezialisiert Designerkopien zu günstigen Preisen anzubieten. Die Mode ist sehr stylisch und auf jüngeres Kaufpublikum ausgerichtet. Der Laden ist so „in" das hier sogar die Supermodels auf Kleiderjagd gehen. Supermodel Kate Moss hat bei Top Shop sogar ihre eigene und immer schnell ausverkaufte Kollektion. Wer also immer dem neusten Trend zu günstigen Preisen hinterher jagt, für den ist die Top Shop Filiale an der Oxford Street genau das richtige Jagdgebiet ...

Top Shop
36-38 Great Castle Street, London W1W 8LG
Tube: Oxford Circus

www.topshop.co.uk

Cheap, Cheap, Cheap

Das ist das Motto der Kleidungskette
Primark. Inzwischen hat sich die Kette
auch in einigen deutschen Städten zu einem
absoluten Phänomen entwickelt.
Die Kette bietet Kleidung auf dem
Niedrigpreissegment an. Die Qualität ist
zwar nichts für jedermann, aber dennoch
stehen die Frauen kurz vor Ladenöffnung
Schlange vor den Eingängen.
Die Mode bietet für jede Altersgruppe
etwas. Gerade Mode, die vielleicht nur eine
Saison „in" ist, lohnt es sich dort zu kaufen,
und fährt man vielleicht mal mit der
Tochter oder Nichte nach London, ist dieser
Laden ein absolutes „Muss" für Mädels im
Teeniealter - zumal die Filiale an der
Oxford Street eine der größten Filialen überhaupt ist.

Primark
499 Oxford Street, London W1C 2QQ
Tube: Marble Arch oder Bond Street

www.primark.co.uk

31

It's Getting Hot In Here ...

Wer kann sich noch an den Werbespot mit der Popsängerin Kylie Minogue erinnern, die in Unterwäsche auf einem mechanischen Bullen ritt und der TV-Spot innerhalb kürzester Zeit von den Fernsehern verschwand? Richtig, dies war eine Werbung des Dessous-Labels „Agent Provocateur". Und der Name ist hier Programm.

Das britische Label wurde 1994 vom Sohn der Designerikone Vivienne Westwood gegründet und ist insbesondere bei den Stars und Sternchen sehr beliebt, weswegen die Geschäfte des Öfteren von Paparazzi belagert werden.

Die Wäsche ist sehr sexy, es wird viel mit Satin, Schleifchen und Spitze gearbeitet. Die Stücke sind wirklich gut verarbeitet und wandern perfekt auf dem schmalen Grat zwischen anrüchig-edel und billig.

Agent Provocateur designed Wäsche für den besonderen Anlass.

Agent Provocateur
6 Broadwick Street, London W1F 8HL
Tube: Oxford Street

www.agentprovocateur.com

feel Like A Princess

Sich wie eine Prinzessin fühlen kann man sich in den Kleidern
des Londoner Labels Temperley.
Diese stehen nämlich auch bei unserer Kate Middleton - heute Catherine,
Duchess of Cambridge - ganz hoch im Kurs und werden von ihr regelmäßig
zu offiziellen Auftritten getragen. Insbesondere die Kleider wirken
luftig leicht und verspielt. Auch hat das Label jedes Jahr eine
Kollektion traumhaft schöner Brautmode.
Wer also das Royale mag und den großen Auftritt liebt, findet hier bestimmt sein
ganz persönliches Lieblingskleid. Das Geschäft in der Bruton Street ist besonders
hübsch dekoriert und auch Kunden, die nur einmal gucken möchten, sind dort
herzlich willkommen und fühlen sich nicht direkt fehl am Platz.

Temperley London
27 Bruton Street, London W1J 6QN
Tube: Bond Street oder Green Park

www.temperleylondon.com

Urbaner Style By All Saints

All Saints hat gleich mehrere
Läden in London.
Der Stil ist sehr clean und urban.
Es gibt eine gute Auswahl an richtig coolen
Lederjacken im Bikerstil. Aber der Clou ist
die Einrichtung der Shops. Andere Läden
haben Bilder oder ähnliches als Dekoration
an den Wänden - All Saints hat die Wände
mit alten Nähmaschinen tapeziert.

Über hunderte dieser Maschinen aus den
20er Jahren und vermutlich noch älter,
zieren jede einzelne Wand.
Ein großartiger Anblick und für ein
Geschäft das Mode verkauft und Mode
ohne Nähmaschinen schließlich nicht
entstehen kann, eine klasse Idee.

All Saints
287 High Street, London NW1 7BX
Tube: Camden Town

www.allsaints.com

The Appletree Boutique

Diese kleine schöne Boutique befindet sich mitten in Notting Hill
auf der Portobello Road.
In der Boutique fühlt man sich ein wenig so, als würde man in einem Garten
voller Apfelbäume stehen. Alles ist bunt, nicht nur die Dekoration,
die aus alten Vogelkäfigen und Vögeln besteht, sondern auch die Mode.
Tücher, Kleider, T-Shirts - alles hat blumige Muster
oder lustige Prints mit Tieren. Und hier ist die Mode zudem
einmal wirklich erschwinglich. Zusätzlich gibt es ausgefallenen
Modeschmuck zu kaufen, den man nicht alle Tage findet.

Appletree Boutique
127 Portobello Road, London W11 2DY
Tube: Notting Hill Gate

www.appletreeboutique.co.uk

Pop-Up-Shops & Designer Warehouse Sales

Dann gibt es noch diese Läden,
die es eigentlich gar nicht gibt.
Ein absoluter Trend sind Pop-up-
Shops - hierbei handelt es sich um
Einzelhandelsgeschäfte, die es
nur für eine ganz kurze Zeit gibt,
in Geschäftslokalen die gerade zu
vermieten oder zu verkaufen sind.
Und was gibt es dort?
Alles!
Von Pop-up-Shops mit Mode,
Schuhen, Inneneinrichtung bis hin zu
Lebensmitteln gibt es alles.
Und das teilweise zu richtig
guten Preisen und oft mit sehr individuellen Angeboten,
 z.B. von Nachwuchsdesignern.

Da diese Shops aber oft nur vier Wochen geöffnet haben
und dann wieder schließen, hilft folgende Seite weiter,
die immer die aktuellsten Shops aufgeführt hat:

www.londonpopups.com

Eine andere Möglichkeit noch an sehr
günstige Designermode heranzukommen,
ist der DWS: Designer Warehouse Sale.
In einer Halle wird Mode von allen großen
Designern angeboten. Am Eingang zahlt
man 2 Pfund und darf sich dann ins
Getümmel stürzen. Das ist
anstrengend ... , wenn man es mit
Humor nimmt, kann es aber auch
unglaublich amüsant sein zuzusehen,
wie sich gut gekleidete Frauen,
schon von oben bis unten in Gucci,
Dior und Chanel gekleidet, um ein Paar
Schuhe von Prada streiten und dabei
gegenseitig an ihren Louis Vuitton
Taschen herumzerren.
Die Termine finden meistens nur einmal
im Monat statt.

www.designerwarehousesales.com

Vintage Shopping

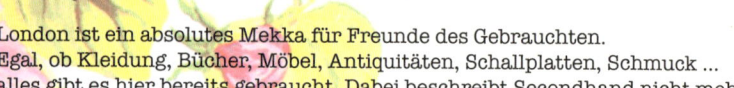

Vintage And Secondhand

London ist ein absolutes Mekka für Freunde des Gebrauchten.
Egal, ob Kleidung, Bücher, Möbel, Antiquitäten, Schallplatten, Schmuck ...
alles gibt es hier bereits gebraucht. Dabei beschreibt Secondhand nicht mehr

unbedingt Kleidung für weniger betuchte Käufer, sondern es gibt durchaus gut gepflegte Kleidungsstücke, die nicht immer günstig sein müssen. Vintage hingegen bringt auch immer ein Stück Geschichte mit sich - diese Stücke haben schon einiges erlebt und erzählen meist ihre ganz eigene Geschichte.
In London findet sich fast an jeder Ecke ein solches Geschäft, weswegen hier nur die meiner Ansicht nach schönsten aufgeführt sind.
Wer insgesamt auf Secondhand und Vintage steht, ist in London bei Alfies Antique Market, in Camden oder auf der Portobello Road grundsätzlich schon einmal gut aufgehoben.

Eine weitere Möglichkeit an tolle Sachen zu gelangen, sind die weit verbreiteten Charity Shops, wie Oxfam oder kirchliche Einrichtungen, die gespendete Kleidung für den guten Zweck verkaufen. Auch hier kann man durchaus das ein oder andere schöne Stück entdecken.

Retro World Camden

Die Retro World hat ihr Geschäft mitten im Stables Market in Camden,
gleich unterhalb des großen Pferdekopfes.
Hier ist Vintage angesagt, die großen Labels sind hier nicht zu bekommen.
Dafür gibt es hübsche Kleider im Stil der 50er Jahre, coole Boots im Westernlook
und Barbour Jacken für den nächsten Festival-Besuch.
Jedes Teil hat hier auf jeden Fall seine eigene Geschichte und viele Teile haben
den Besitzer bestimmt schon öfter gewechselt.
Demnach ist die Mode wirklich etwas für denjenigen, für den „Retro"
eine Lebenseinstellung ist.

Retro World Camden
Chalk Farm Road, London
Tube: Camden Town
Öffnungszeiten tägl. 10.00-18.00 Uhr

funky Town

Ein weiter Shop, der sich ebenfalls im Stables Market befindet ist "Funky Town". Der Name ist hier Programm. Es gibt alles, und vieles davon ist wirklich abgefahren. Insbesondere die Abend- und Hochzeitskleider in der 1.Etage sind großartig. Alles im Stil der 80er Jahre, mit Rüschen, viel Tüll und viel Strass. Genauso richtig ist man hier aber auch, wenn man ein Paar Boots zur kurzen Jeanspants oder zum Blümchenkleid sucht.
Außerdem hat Funky Town immer ein paar schöne Lederumhängetaschen im Angebot.
Die Musik ist im Übrigen genauso funky, wie der Name. Boden und Wände sind mit psychedelischen Pril-Blumen und Kreisen angemalt. Abgefahren!!!

Funky Town
Chalk Farm Road, London
Tube: Camden Town
Öffungszeiten: 10.00-18.00 Uhr

www.funkytownshop.co.uk

One Of A Kind

Dieser kleine Laden ist auf der Portobello
Road im Stadtteil Notting Hill beheimatet.
Das Angebot ist gemischt.
Neben ausgefallenen Einzelstücken
bekommt man auch Chanel, Gucci
oder Hermès Taschen zu einem
guten Preis angeboten.
Der Laden ist zwar nicht besonders
groß, aber wirklich gut sortiert und die
Besitzerin kennt ihr Angebot selber
ganz genau und steht einem in Mode-
und Stilfragen immer gerne mit Rat
und Tat zur Seite, und so könnte man
sich auch einmal ein Kleidungsstück
kaufen,
das man sich ohne Beratung
nie getraut hätte auf der Straße
auszuführen. Hier kann es
zudem vorkommen, dass man sich die Umkleide mit Naomi
Campbell
teilen muss. Vorab kann man sich Teile der aktuellen Auslagen auch immer auf
der gut geführten Internetseite anschauen.

One of a Kind
259 Portobello Road, London W11 1LR
Tube: Ladbroke Grove
Öffnungszeiten 10.00-18.00 Uhr

www.1kind.co.uk

Absolute Vintage & Boutique

Absolute Vintage und sein Schwester-Shop, die Absolute Vintage Boutique,
sind die Vintage-Geschäfte schlechthin. Denn hier bekommt man richtige
Vintagemode angeboten: Echte Kleider aus den 20er Jahren, Schuhe aus den 30er
Jahren und auch alle anderen Jahrzehnte bis hin zu Seidenblousons aus den 90er
Jahren sind hier gut sortiert vertreten.
Dort kann man also wirklich eine echte Zeitreise in die „Golden Twenties"
oder „Swinging Sixties" machen. Allein das Durchstöbern und die Anprobe
verschiedener Kleidungsstücke macht unglaublichen Spaß,
selbst wenn man das Kleid aus den 20er Jahren hinterher doch auf dem Bügel
zurücklässt und sich nur eine Sonnenbrille aus den 70ern kauft.

Absolute Vintage
15 Hanbury Street, London E1 6QR
Tube: Whitechapel
Öffnungszeiten: täglich 11.00-19.00 Uhr

Absolute Vintage Boutique
79 Berwick Street, London W1F 8TL
Tube: Oxford Circus
Öffnungszeiten: täglich 10.00-19.00 Uhr

www.absolutevintage.co.uk

Old & New

... das ist die Devise des Möbelladens an der Chalk Farm Road in Camden.
Ein riesiger Schaukelstuhl schwebt über dem Eingang.
Drinnen gibt es einen guten Mix aus alten und neuen Möbeln.
Insbesondere tolle Kronleuchter und Spiegel mit aufwendigen Rahmen sind dort
zu bekommen. Der Laden gleicht von der Größe her zwar eher einer Puppenstube
- trotzdem lohnt sich ein Blick hinein. Selbst, wenn man keine Möglichkeit hat
einen Kronleuchter oder eine Kommode mit in den Flieger in Richtung
Heimat zu schmuggeln, so findet man hier vielleicht eine kleine Inspiration
für seine Wohnung daheim.

Old & New
19 Chalk Farm Road, London
Tube: Camden Town

LAND WITH A SOUL

London Markets

Meat, Cheese, fish, fruits, Vegetables ...

Der Borough Market ist der älteste Lebensmittelmarkt in London, dessen Anfänge bis ins 13.Jahrhundert zurückreichen. Er liegt südlich der Themse im Stadtteil Southwark, wo er unter den Eisenbahnpfeilern der London Bridge angesiedelt ist. Geöffnet ist er von Montag bis Samstag, wobei nur am Donnerstag, Freitag und Samstag der gesamte Markt bestückt ist - an den restlichen Tagen haben lediglich die Cafés und die Imbissstände geöffnet.

Auch wenn man als Tourist ja meistens keine Möglichkeit hat selber in London zu kochen, ist der Markt einen Besuch wert. Es gibt dort einfach alles an frischen Lebensmitteln was man sich nur vorstellen kann. Es ist das reinste Paradies für Menschen die gerne kochen und man wünscht sich dort nur eines: nämlich eine Küche um die Ecke, sodass man nach Herzenslust Zutaten für das Abendessen kaufen könnte. Neben frischen Lebensmitteln gibt es aber auch zig Stände, die frisch zubereitete Speisen anbieten, wobei für jede Geschmacksrichtung etwas dabei sein dürfte. Diesen Genuss an Farben und Gerüchen sollte man sich also keineswegs entgehen lassen.

Borough Market
8 Southwark Street, London SE1 1TL
Tube: London Bridge

www.boroughmarket.org.uk

Meat, Meat, Meat

... gibt es auf dem Smithfield Market, und das seit über 800 Jahren. Er zählt zu den größten Fleischmärkten der Welt. Inzwischen werden dort jährlich ca. 120.000 Tonnen Fleisch gekauft und verkauft. Der Anblick ist nicht immer was für schwache Nerven. Zwar sind die Tiere bereits nicht mehr am Leben, allerdings auch noch nicht immer in alle Einzelteile zerlegt. So sollte man

den Anblick eines halben Schweins durchaus ertragen können, wenn man den Markt besucht. Interessant ist es allemal und auch als Privatperson kann man in einem der vielen kleinen Shops das frischeste Beef der Stadt erstehen. Allerdings ist der Markt nur etwas für Frühaufsteher oder für diejenigen, die vielleicht gerade erst auf dem Nachhauseweg vom Londoner Nachtleben sind. Der Markt öffnet nämlich bereits um 4.00 Uhr morgens und schließt schon wieder um 10.00 Uhr. Danach kann man schön in einem der umliegenden Pubs gemütlich sein English Breakfast einnehmen.

Fazit: Insgesamt ist ein Besuch schon interessant!

Smithfield Market
225 Central Markets, London EC1A 9LH
Tube: Barbican
Öffnungszeiten: täglich 4.00-10.00 Uhr

www.smithfieldmarket.com

The Portobello Road Market

Die Portobello Road ist ja ohnehin schon ein wahres Paradies für Sammler und Freunde von Antiquitäten. Ein Antiquitätengeschäft reiht sich an das nächste. Draußen vor den Läden sind Tische mit Silberbesteck, alten Tabakdöschen, Schmuck und Porzellan aufgestellt. Zwischendrin immer wieder ein kleines Café oder ein Pub, wo es sich schön draußen sitzen und das bunte Durcheinander beobachten lässt. Eine besondere Attraktion ist jedoch samstags der Portobello Road Market.

Hier ist die Straße dann für Autos gesperrt und hunderte Händler haben Stände mitten auf der Straße aufgebaut. Dort kann man ebenfalls Antiquitäten, Schallplatten, Bücher, aber auch Essen bekommen. Zudem gibt es tolle Secondhand-Kleidung und Vintagemode.
Beliebt ist der Markt auch bei Stars wie Kate Moss und Mischa Barton, die ebenfalls immer auf der Suche nach ausgefallenen Kleidungsstücken sind.

Portobello Road Market
auf der ganzen Portobello Road
Tube: Notting Hill Gate oder Ladbroke Grove
Samstag von 8.00-17.00 Uhr

www.portobelloroad.co.uk

More Markets ...

Ein weiterer schöner Markt ist
Alfies Antique Market. Wie der Name
schon sagt, findet man hier überwiegend
Antiquitäten, Silber, Porzellan, aber auch
Mode und Schmuck.Über 75 Händler haben
ein Geschäft in den Hallen, für die man
nicht unbedingt auf „Flohmarkt-Wetter"
angewiesen ist, da alles überdacht ist.

Alfies Antique Market
13-25 Church Street, London NW8 8DT
Tube: Marylebone
Öffnungszeiten: Dienstag bis Samstag 10.00-
18.00 Uhr

www.alfiesantiques.com

Unbedingt besuchen sollte man zudem den
Spitalfields Market. Die Markthallen im
viktorianischen Stil gibt es bereits seit 1876.
Man findet dort eine große Auswahl an
Mode, Geschenkartikeln, Antiquitäten und
Kunstgewerbe, dazu Cafés und Restaurants.
An den Samstagen gibt es zudem besondere
Stände mit Mode und auch an den anderen
Tagen gibt es verschiedene Märkte zu
verschiedenen Themen.

Old Spitalfields Markets
16 Horner Square, London E1 6EW
Tube: Shoreditch High Street

www.oldspitalfieldsmarket.com

Camden Town

Camden ist schrill, jung, hip
und ziemlich verrückt.
Inzwischen sind die Wohnungspreise in die
Höhe geschossen. Der Stadtteil entlang des
Regents Canal ist besonders bei Studenten,
Musikern und Künstlern sehr beliebt.
So hatte auch Amy Winehouse dort
ihr Appartement und war abends
regelmäßig in ihrem Lieblingspub
um die Ecke anzutreffen. Auch das MTV-
Studio hat dort seinen Hauptsitz.
Alles spielt sich in Camden um die High
Street und die Chalk Farm Road ab.

Mittendurch fließt der
Regents Canal langsam
vor sich hin, an dem sich tolle
Außengastronomien befinden.
Dort befindet sich auch
Camden Lock. Eine große Halle mit
verschiedenen Angeboten. Im Innenhof
kann man Speisen aus aller Welt bekommen
und an jeder Ecke wird gegrillt und gekocht.

Direkt an Camden Lock schließt der
Stables Market an. Früher wurden dort
die königlichen Pferde in Ställen gehalten.
Heute sind die einzelnen Pferdeboxen zu
kleinen Läden umfunktioniert, in denen
man alles Mögliche von Kleidung,
über Schnickschnack bis hin zu
Kunsthandwerk kaufen kann.

Es riecht nach orientalischen Gewürzen und das Angebot an Speisen ist überwältigend und zieht sich bis auf die andere Straßenseite hinüber: egal ob Chinesisch, Thai, Indisch, Mexikanisch, Italienisch, Vegetarisch, Türkisch, Vegan ... es gibt alles und das direkt und frisch auf die Hand.

Im Innenhof kann man sich dann einen Platz an den vielen Tischen suchen. Anschließend sollte man in einem der zahlreichen Shisha-Paläste Platz nehmen und einen frisch aufgebrühten Tee trinken oder vielleicht mal eine Wasserpfeife ausprobieren. Camden ist alles in allem also ein riesiger Gesamtmarkt.

Die meisten Marktstände haben von 10.00-18.00 Uhr geöffnet.
www.stablesmarket.com
www.camden-market.org

Covent Garden

Früher wurden die Hallen als Obst- und Gemüsemarkt genutzt, heute befinden sich dort kleine Geschäfte und Cafés. In der Freifläche der Halle kann man von Künstlern und Kunsthandwerken an deren Ständen tolle Sachen erstehen. Aber auch das Gebiet um Covent Garden herum bietet viel zu erkunden. Gegenüber liegt der Jubilee Market mit Souvenirs und anderen Mitbringseln.

Ganz hinten im letzten Eck, versteckt sich ein kleiner Süßwarenladen. Dort sollte man unbedingt etwas Fudge (traditionelle Süßigkeit in Britannien aus Butter, Zucker, Schokolade etc.) mitnehmen.
Oben auf dem Balkon von Punch & Judy lässt sich hervorragend ein Kaffee oder Ale trinken und dabei das Treiben von oben beobachten.

Covent Garden
Tube: Covent Garden

www.coventgardenlondonuk.com

food Shopping

Luxury Food Shopping

Neben dem Borough Market und dem Smithfield Market gibt es auch noch die Luxusvariante den Einkauf von Delikatessen. Insbesondere Harrods, Fortnum & Mason und Selfridges sind

dafür gute Adressen. Wie vorher schon erwähnt, sollte man unbedingt die Harrods Food Halls besuchen.
Die Auslagen dort lassen einem das Wasser im Munde zusammenlaufen. Es gibt jeweils eine eigene Halle für Konfiserie, Fleisch & Fisch, Käse, Obst und Gemüse, sowie Kaffee und Tee.

Jede einzelne Halle hat an Wänden und Decken aufwendigste Verzierungen aus Stuck und Ornamente aus Holz. Die Auslagen selber sind bis ins kleinste Detail sehr ansprechend dekoriert und es gibt alle Luxuslebensmittel, die man sich so vorstellen kann: von besonderem Kaffee, über diverse Senfsorten, bis zum teuersten Kaviar der Welt.

Die Angestellten tragen alle Uniformen im Stil der 20er Jahre und sind sehr zuvorkommend.
Aber auch Fortnum & Mason steht zumindest in Sachen Tee, Kaffee und Konfiserie Harrods in nichts nach.

Cheese, Please!

Wo kauft man am besten seinen Käse? Bei Paxton & Whitfield natürlich!
Denn dieser alteingesessene Laden verkauft seinen Käse bereits seit 1797.
Dort darf man auch mal probieren und bekommt eine hervorragende Beratung
in der Frage: „Welcher Wein zum Käse?" gleich noch dazu. Die Mitarbeiter
sind wirklich sehr bemüht um einen, und für Käseliebhaber ist das Geschäft
mit über 150 verschiedenen Sorten und allein über 30 Sorten
Blauschimmelkäse genau das Richtige.
Bei dieser Auswahl wohl auch ein Grund dafür, dass Paxton & Whitfield schon
von Anfang an königlicher Hoflieferant ist.

Paxton & Whitfield
93 Jermyn Street, London SW1Y 6JE
Tube: Piccadilly Circus
Öffnungszeiten: täglich 9.30-18.00 Uhr, sonntags 11.00-17.00 Uhr

www.paxtonwhitfield.co.uk

A Cup Of Tea ...

... bekommt man bei Twinings.
Die bekannte Teemarke hat ein großes
Geschäft in der Stadt. Dort gibt es alle
Sorten, die Twinings im Sortiment hat
und man kann diesen auch direkt vor
Ort trinken. An die alten Verkaufsräume,
deren Einrichtung noch aus altem Holz
gefertigt ist, schließt sich ein
kleines Museum zur Geschichte
der Marke Twinings und zur
Geschichte des Tees an. Entzückend!

Twinings
216 Strand, London WC2R 1AP
Tube: Temple
Öffnungszeiten: Montag- Freitag 10.00-20.00 Uhr, Samstag 10.00-17.00 Uhr,
Sonntag 10.30-15.30Uhr

www.twinings.co.uk

Ein weiterer schöner Teeladen befindet sich in der Neal Street in der Nähe
von Covent Garden.
Hier wird der Tee lose verkauft und es riecht einfach so unglaublich himmlisch.
Egal, ob Schwarz, Grün oder Weiß - es gibt alle Sorten aus allen
nur vorstellbaren Ländern.

The Tea House
15 Neal Street, London WC2H 9PU
Tube: Covent Garden

www.theteahouseldt.com

Not for Men only ...

Nicht nur für Männer ist der Tabak-Laden, Havana Cigars James J. Fox.
Dort strömt bereits beim Vorbeigehen ein herb-süßlicher Duft aus dem Geschäft.
Innen ist alles mit herbem Holz ausgekleidet und der Herr hinter Theke
passt perfekt in diesen Laden, denn genauso stellt man sich
einen Zigarren-Verkäufer vor,
Wer also jemanden im Freundeskreis oder in der Familie hat,
der Tabakkonsument ist, dem sollte man von hier Zigarren mitbringen.
Die Beratung ist ausgesprochen gut und der Daheimgebliebene freut sich
mit Sicherheit über eines der außergewöhnlichen Stücke.

James J. Fox
19 St James´s Street, London SW1 A1 ES
Tube: Green Park
Öffnungszeiten: täglich 9.30-17.00 Uhr

www.jjfox.co.uk

Und Whisky kauft man bei Cadenhead´s.
Dem Whisky-Experten schlechthin.
Im Angebot gibt es eine erlesene Auswahl
in allen Preisklassen. Zudem bietet
der Laden auch Tasting-Abende an.

Cadenhead´s Whisky Shop & Tasting Room
26 Chiltern Street, London W1U 7QF
Tube: Baker Street

www.whiskytastingroom.com

The Hummingbird Bakery

Einen kleinen Zwischenstopp sollte man
unbedingt in der Hummingbird Bakery
in der Portobello Road machen.
Dort gibt es Zucker in jeglicher Form
und alles was das süße Herz begehrt:
Cupcakes mit allen nur vorstellbaren
Toppings, Muffins, Cookies und
Brownies mit triple Chocolate und
Torten in verschiedensten Formen und
Geschmacksrichtungen und das alles
auch noch in der Atmosphäre
eines kleinen gemütlichen
Tante-Emma-Geschäfts.
Die Auslage ist liebevoll angerichtet,
die Bedienungen sind freundlich und die Preise absolut moderat.
Wer also Süßes liebt, sollte der Hummingbird Bakery unbedingt
einen Besuch abstatten ...

Inzwischen gibt es sogar mehrere Filialen in London.

The Hummingbird Bakery
133 Portobello Road, Notting Hill, London, W11 2DY
Tube: Notting Hill Gate

www.hummingbirdbakery.com

Fudge & Chocolate

Mitten im Camden Lock bekommt man
die beste Schokolade Londons und
hervorragendes Fudge.
In der Chocolate & Fudge Kitchen darf man
dem Koch bei der Herstellung sogar teilweise
über die Schulter schauen. Die Sorten sind
besonders außergewöhnlich, so gibt es weiße
Schokolade mit Mango und Jasmin, dunkle
Schokolade mit Amaretto und Espresso oder
Fudge mit Mojito-Geschmack. Da fällt es
schwer, die Schokolade nicht schon direkt
auf dem Heimweg zu vernaschen. Also besser
zwei Tafeln kaufen, wenn eine als Mitbringsel
gedacht ist, denn bis man im Hotel ankommt,
ist eine mit Sicherheit schon verschwunden.

Chocolate & Fudge Kitchen
51 Camden Lock Market, London NW1 8AF
Tube: Camden Town
Öffnungszeiten: 10.30-18.30 Uhr

www.bemightyfine.com

Sweet Couture Boutique

In der Sweet Couture Boutique bekommt man in der Nähe von Covent Garden mindestens genauso leckere Cupcakes wie in der Hummingbird Bakery. Der Laden ist nur winzig klein, sodass mehr als zwei Kunden kaum Platz vor der Ladentheke finden. Die Cupcakes werden direkt frisch im kleinen Hinterzimmer gebacken; was wohl auch der Grund dafür ist, dass man sich gelegentlich in eine kleine Schlange anreihen muss, bis man an der Reihe ist. Die Preise sind auch hier durchaus angemessen und die Cupcakes so gehaltvoll, dass man ohnehin, auch wenn man gerne würde, nie mehr als nur einen schafft.

Sweet Couture Boutique
23b New Row, Covent Garden, London WC2N
Tube: Covent Garden

www.sweetcouture.co.uk

All Other Shops

Books, Books, Books

Einer der schönsten Bücherläden ist Daunt Books an der Marylebone High Street. Der Laden hat zwei Etagen, wobei es sich bei der ersten Etage um eine große Galerie handelt. Alle Regale sind aus dunklem Holz gezimmert und das Licht fällt durch eine riesige verzierte Glaskuppel aus der edwardischen Epoche. Das Sortiment bietet alles, es lässt sich prima dort stöbern und in einer der Ecken mit einem Buch verweilen, um schon mal ein wenig zu schmökern.

Daunt Books
83 Marylebone High Street, London W1U 4QW
Tube: Baker Street
Öffnungszeiten: täglich 9.00-19.30 Uhr, sonntags 11.00-18.00 Uhr

www.dauntbooks.co.uk

Für passionierte Köchinnen ist der Buchladen „Books for Cooks" genau das Richtige. In diesem Laden gibt es nämlich ausschließlich Kochbücher und zwar für alle möglichen und nur denkbaren Richtungen.

Books for Cooks
4 Blenheim Crescent, London W11 1NN
Tube: Ladbroke Grove
Öffnungszeiten: Dienstag bis Samstag 10.00-18.00 Uhr

www.booksforcooks.com

Not for Children Only

... ist das Spielzeugkaufhaus Hamleys.
In über fünf Etagen gibt es seit über 250 Jahren
alles was das Kinder- oder wohl auch manchmal
das Erwachsenherz begehrt.
Die Mitarbeiter sind mal als Clowns, mal als
Piraten verkleidet und die Spielzeugneuheiten,
die von kleinen ferngesteuerten Hubschraubern
bis zu Zaubermaltafeln reichen, dürfen direkt
vor Ort von den
Kleinen und Großen
getestet werden.

Hamleys
188-196 Regent Street, London W1B 5BT
Tube: Oxford Circus
Öffnungszeiten: 10.00-21.00 Uhr,
sonntags 12.00-18.00 Uhr

www.hamleys.com

Eine gute Alternative bietet der Rainforest Shop.
Der Verkauf aller Spielwaren wird zur Rettung
des Regenwaldes gespendet.
Aber der wirkliche Clou des Geschäfts: man befindet
sich auch direkt im Regenwald. Von den Decken hängen Baumkronen und Lianen.
An den Wänden laufen Wasserfälle in die Tiefe, Affen, Papageien und Schlangen
tummeln sich in den Bäumen und ganz vorne liegt ein „lebendes" Krokodil in
seinem Sumpf und wartet auf Futter.

Im Keller befindet sich ein
Dschungelrestaurant, in
dem man auf Tierhockern
zwischen Elefant
und Co speisen kann.
Wirklich sehr schön
anzuschauen und noch für
den guten Zweck ...

Rainforest Shop
20 Shaftesbury Ave, London
W1D 7EU
Tube: Piccadilly Circus

www.therainforestcafe.co.uk

floris

...ist die älteste Parfümerie
in London und vertreibt sehr
exklusive, selbst hergestellte Düfte.
Die Einrichtung ist so elegant wie die
Düfte und das Ambiente weit ab von
den Parfümerieketten, in denen man
sonst sein Duftwässerchen kauft.
Schon seit 1730 kaufen Londoner
dort ihr Parfum ... darunter sogar
Damen, die wie Mary Shelley
und Florence Nightingale die
Geschichte beeinflussten.
Die Verkäuferinnen sind wirklich
sehr freundlich, somit sollte man
sich nicht scheuen, die Parfümerie
zu betreten, um sich
ein paar Düfte zeigen zu lassen.

Floris
89 Jermyn Street, London SW1Y
6JH
Tube: Green Park
Öffnungszeiten: täglich 9.30-
18.00 Uhr

www.florislondon.com

Joe Malone

Ein anderer Spezialist für Beauty in London ist Joe Malone.
Dieser hat sich inzwischen allerdings zu einer größeren Kette
gemausert, befindet sich jedoch immer noch im Luxussegment.
Die Düfte riechen blumig und frisch.
Und die Einrichtung der Geschäfte ist eine richtige Einrichtung für Mädchen.
Die Wände zieren alle schwarz-weiß gestreifte Tapeten und überall stehen große
und frische Blumenbouquets. In den Boutiquen selber kann man zudem tolle
Gesichtsbehandlungen und anderen Schönheitsbehandlungen bekommen.

Joe Malone London
11A King Street, London WC2E 8NH
Tube: Covent Garden

www.joemalone.co.uk

Veggi Beauty

Vegetarisch-Vegane Beautyprodukte bietet hingegen LUSH. Dort werden alle
Produkte von der Seife, über Duschgel, bis hin zum Shampoo nur
aus pflanzlichen Extrakten und ganz ohne tierische Fette hergestellt.
Natürlich gibt es auch keine Tierversuche.
Alle Produkte sind zudem handgemacht, enthalten kaum Konservierungsmittel
und sind in Recycling-Verpackungen verpackt. Bei einem Einkauf
tut man also sowohl etwas Gutes für seine Umwelt
als auch für die Tiere. Zudem sind die Produkte besonders
schön gefertigt und haben schöne bunte Farben.
Besonders zu empfehlen sind die sprudelnden Badekugeln.

LUSH
The Piazza / Covent Garden (in der Markthalle selber)
London WC2E 8RA
Tube: Covent Garden

www.lush.co.uk

I'm Singing In The Rain

Mit einem Regenschirm
von James Smith & Sons
ist auch das ein Vergnügen.
Hier werden die Schirme bereits seit
1830 von Hand gefertigt. Die Auswahl
ist überwältigend und besonders
hübsch sind die Modelle mit den aus
Holz geschnitzten Tierköpfen.
Hinter der Ladentheke stehen
inzwischen die Ur-Ur-Enkel
von James Smith, die Einrichtung
selber ist hingegen noch original aus
James Smith Zeiten erhalten.
Natürlich ist die Qualität der Schirme
ganz außergewöhnlich gut,
sodass auch ein Herbststurm
ihnen nichts anhaben kann.

James Smith & Sons
Hazelwood House
53 New Oxford Street, London WC1A 1BL
Tube: Tottenham Court Road
Öffnungszeiten: 10.00-17.45 Uhr, sonntags geschlossen.

www.james-smith.co.uk

All My Loving I Will Sent To You

Irgendwie gehören die Beatles, wie auch die Queen, zu London.
Wenn diese auch ursprünglich aus Liverpool stammen,
so verbrachten sie doch einen großen Teil
ihrer Bandkarriere in London. Und wer kennt es nicht:
das berühmte Zebrastreifen-Foto vor den Abbey Road Studios.
Wer immer noch ein Fan der Pilzköpfe ist, für den ist der Beatles-Store in der
Baker Street mit Sicherheit ein interessantes Örtchen. Dort gibt es alles was
das Fan-Herz begehrt ... Musik, Shirts, Spielpuppen oder Handtücher und alles
andere, was man sich noch so an Fanartikeln vorstellen kann.

The Beatles Store
231-233 Baker Street, London NW1 6XE
Tube: Baker Street
Öffnungszeiten: täglich 10.00-18.30 Uhr

www.beatlesstorelondon.co.uk

Let The Music Play

... auch wer sonst ein begeisterter Musikliebhaber und Plattensammler ist, kommt in London nicht zu kurz:

Soul und Jazz gibt es bei:
Honest Jon´s Records
278 Portobello Road, London W10 5TE
Tube: Ladbroke Grove
Öffnungszeiten: täglich 10.00-18.00Uhr, sonntags 10.00-17.00 Uhr

www.honestjons.com

70ties Funk, 60ties Beat, Psychedelic
R&B und R&R findet man bei:
Intoxica
231 Portobello Road, London W11 1LT
Tube: Ladbroke Grove
Öffnungszeiten: täglich 10.30-18.30Uhr

www.intoxica.co.uk

Punk, Ska, Hardcore und Alternative
gibt es bei:
All Ages Records
27A Pratt Street, London NW1 0BG
Tube: Camden Town
Öffnungszeiten: täglich 11.30-18.30 Uhr

Und wer noch eine Gitarre sucht, der ist hier richtig:
Vintage & Rare Guitars
6 Denmark Street, London WC2H 8LX
Tube: Tottenham Court Road

www.vintageandrareguitars.com

Cool Britannia

Cool Britannia ist wohl der größte Souvenirladen in London. Alles was man in Verbindung mit der City vermarkten kann, wird dort auch vermarktet.
Wer also noch ein Postkärtchen nach Hause schicken möchte, findet dort für jeden die richtige Karte. Und wenn man schon einmal dort ist, dann kann man sich zumindest anschauen, wie groß der Run der Touristen auf das Porzellan mit dem Kopf der Queen oder dem kleinen Prinzen George ist.

Cool Britannia
225-229 Piccadilly, London W1J 9HR
Tube: Piccadilly Circus
Öffnungszeiten: täglich von 9.00-24.00 Uhr

www.coolbritannia.com

Sweets for My Sweet

Ein Kaufhaus für Naschkatzen hat der M&M Hersteller ganz in der Nähe des Piccadilly Circus eröffnet. Über mehrere Etagen kann man dort die bunten kleinen Kugeln in allen Farben und Geschmacksrichtungen kaufen. Und das Tolle daran: man darf sich die M&M´s selber mischen.

Überall stehen große Säulen, bis oben mit M&M´s gefüllt, man bekommt ein kleines Tütchen und darf dann aus den ganzen Sorten seine eigene Lieblingsmischung zusammenstellen. Unbedingt probieren: M&M´s mit Erdnussbutter gefüllt. Die schmecken einfach himmlisch und sind bis jetzt in Deutschland noch nicht im Handel erhältlich.

M&M´s World
1 Swiss Court., London W1D 6AP
Tube: Piccadilly Circus
Öffnungszeiten: täglich 10.00-24.00Uhr

Silver, Silver, Silver

... gibt es in den Silver Vaults. Nachdem man die dicken Tresortüren passiert hat, gelangt man in ein Gewölbe, in dem sich ein Silberhändler

an den anderen reiht. Eine größere Auswahl an Silber gibt es wohl nirgends, und es ist für jeden Geldbeutel etwas dabei.
Aber auch wer nichts kaufen möchte, ist zum Gucken und Bestaunen eingeladen.

The Silver Vaults
53-64 Chancery Lane, London WC2A 1QS
Tube: Chancery Lane
Öffnungszeiten: Montag- Freitag 9.00-17.30Uhr, Samstag 9.00-13.00 Uhr

www.thesilvervaults.com

Silber mal anders...

bekommt man beim Label The Great Frog. Dort gibt es verrückten Schmuck in Form von Totenköpfen, schweren Silberarmbändern und Ketten im Bikerstil. Alle Teile sind ziemliche Eyecatcher und aufwendig gearbeitet.
Das Londoner Label fertigt seinen handgemachten Schmuck bereits seit 1972. Vielleicht nicht jederfraus Geschmack, dennoch ein Geheimtipp für diejenigen, die Außergewöhnliches mögen.

The Great Frog
10 Ganton Street, London W1F 7QR
Tube: Oxford Circus

www.thegreatfroglondon.com

A Little Bit Of Royal Luxury

Das ist das Motto des Royal Collection
Shops. Gleich neben dem Buckingham
Palace kann man neben Büchern
über die britischen Paläste auch ein
bisschen Royalen Luxus kaufen.
Der Shop bietet edles Geschirr,
dem königlichen Geschirr aus dem
Buckingham Palace nachempfunden.
Zudem gibt es Handtücher mit den
königlichen Wappen bestickt sowie
exklusive Seifen und Handcremes
in hübsch verpackten Tiegeln.
Hier findet man also auch ein paar
Mitbringsel jenseits der mit dem Kopf
der Queen bedruckten Tassen.

The Royal Collection Shop
Buckingham Palace Road, London SW1A 1AA
Tube: Victoria
Öffnungszeiten: täglich 9.30-17.00 Uhr

www.royalcollectionshop.co.uk

Wundervolle Stoffe

Eines können die Briten auf jeden Fall:
sich geschmackvoll einrichten!
Die Königin der Einrichtung ist hier wohl
zweifelsohne Laura Ashley.
Bei ihr sind immer noch die typischen
Stoffe, die man mit britischer
Einrichtung verbindet, wie Karomuster
oder Blümchentapeten, angesagt.
Im Shop kann man sich für das eigene
Zuhause inspirieren lassen
und vielleicht schon einmal
ein hübsches Kissen mit Blumenprint
für das heimische Sofa mitnehmen.

Laura Ashley
7-9 Harriet Street, London SW6 2QA
Tube: Knightsbridge

www.lauraashley.com

Eine weitere große und überragende
und zudem noch preisgünstige Auswahl
wunderschöner Stoffe gibt es im Cloth House.
Auch hier findet man die typischen
Blümchen- und Karostoffe, aber auch
vieles andere. So zum Beispiel
ein riesiges Sortiment an Knöpfen.

Cloth House
47 und 98 Berwick Street, London W1F 0QJ
Tube: Oxford Circus
Öffnungszeiten: Montag bis Freitag 9.30-18.00 Uhr,
Samstag erst ab 10.30 Uhr,
Sonntag geschlossen

www.clothhouse.com

Cath Kidston

Das ultimative Label für richtige Mädchen.
Es gibt Taschen, Schirme, Notizbücher, Handyhüllen, Kleidung,
Schlüsselanhänger, Gummistiefel und vieles mehr ...
und alles in den hübschen Prints des Labels. Einmal mit Vögeln bedruckt,
dann wieder mit kleinen Blümchen oder mit Punkten und alles in hellen
Grundtönen wie Rosa, Babyblau oder Rot.
Allerdings muss man aufpassen, dass man nicht dem Kaufrausch verfällt,
da die Teile alle so niedlich und sweet sind, dass man sie am liebsten
alle kaufen möchte.

Cath Kidston
28-32 Shelton Street, London WC2H 9JE
Tube: Covent Garden
Öffnungszeiten: 10.00-20.00 Uhr, sonntags 12.00-18.00 Uhr

www.cathkidston.com

Ausgehen

In London gibt es unzählige Möglichkeiten Essen zu gehen.
Zunächst sollte man jedoch mit dem Frühstück beginnen und keinesfalls
das English Breakfast ausfallen lassen. Hierzu gehören: Toast, Eggs, Ham,
Bohnen in Tomatensoße, gebratene Champignons und Tomaten,
sowie Hash Browns (ähnlich wie unsere Rösti), Orangenmarmelade
und Brown Sauce. Nach so einem Frühstück ist man dann auch
gut gestärkt für die erste Shoppingtour.
Anders als bei uns in Deutschland nimmt man die Hauptmahlzeit
nicht am Mittag ein, sondern erst am Abend zum Dinner.
Mittags isst man einfach ein Sandwich auf die Hand und dies
am besten irgendwo im Hyde Park.
Ganz traditionell gibt es dann am Nachmittag die Tea Time, mit Tee,
kleinen Sandwiches und Scones mit Marmelade.
Und am Abend? Da gehen die Londoner viel aus und nehmen
das Dinner außer Haus zu sich.

Tea Time Im Orange Pekoe

Natürlich sollte bei einem Trip in das Land der Teetrinker
auch ein Afternoon Tea in Form einer Tea Time dazugehören.
Bekannte Tearooms findet man im Savoy, bei Harrods und Fortnum & Mason
... da liegen die Preise jedoch schnell bei 50 Pfund aufwärts - ein weiterer

Nachteil ist: Man trifft dort eben nicht
den Londoner, der in der Straße um die
Ecke lebt, sondern bleibt mit anderen
Touristen unter sich. Denn bei den oben
genannten Tearooms handelt es sich
um die bekanntesten und damit für
Touristen attraktivsten Möglichkeiten den
Afternoon- oder High Tea
zu sich zu nehmen. Eine niedliche
Alternative ist Orange Pekoe.
Das Café liegt auf dem Weg zu den
königlichen Gärten Kew Gardens und
bietet eine hervorragende Tea Time.
Der Tee wird in hübschen
Porzellantassen mit Goldrand und
Blümchendekor serviert.
Dazu gibt es Etageren
mit Sandwiches, Scones und Cake.

Und die Einrichtung ist mindestens genauso liebevoll gestaltet
wie die servierte Tea Time - in den Ecken stehen kleine Lämpchen mit
Lampenschirmen im Blumendesign und auch die Wände zieren Blumentapeten.
Man fühlt sich ein bisschen
wie zu Besuch bei einer älteren
britischen Dame zu Hause.

Orange Pekoe
3 White Hart Lane, London SW13 0PX
Reservierungen für die Tea Time werden
erbeten.

www.orangepekoeteas.com

Le Chandelier

Der Name ist zwar französisch, der Rest jedoch ausgesprochen britisch ...
Dort sitzt man im gemütlichen und liebevoll eingerichteten Teesalon mit
leicht orientalischen Elementen. Leider liegt das Le Chandelier
etwas außerhalb, wer aber vielleicht in der Nähe dort sein Hotel hat,
sollte nicht verpassen hier vorbeizuschauen.
Den Afternoon Tea mit Scones, Erdbeermarmelade, einer Auswahl an
Sandwiches und Kleinigkeiten aus der Pâtisserie gibt es schon ab 18 Pfund.

Zudem bietet das Le Chandelier aber auch
eine reichhaltige Speisekarte,
die von einer großen Frühstückskarte,
über Salate, Sandwiches bis zu kleinen
Hauptgerichten reicht.
Dort kann man gemütlich sitzen und ein
wenig die Seele baumeln lassen.

Besonderer Tipp:
Reserviert man bereits 3 Tage im Voraus,
kann der Afternoon Tea auf Wunsch auch
ganz vegan serviert werden.

Le Chandelier
161 Lordship, London SE22 HX8

www.lechandelier.co.uk

Foxcroft & Ginger

... ist ein sehr urbanes Café mitten im Stadtteil Soho. Geführt wird es von einem
Ehepaar, das viel Wert darauf legt, dass alle Zutaten aus der Region kommen.
Das Brot wird im Keller selber gebacken, aus dem immer
ein frischer Ofenduft die Treppe empor steigt.
Die Einrichtung ist schlicht und sehr einfallsreich. Somit wurden alte Turngeräte,
wie das gute alte „Pferd", zu Tischen und Sitzmöbeln umfunktioniert.
Die Speisen sind alle frisch und insbesondere die frisch gebackene Pizza
ist zu empfehlen.

Foxcroft & Ginger
3 Berwick Street, London W1F 0DR
Tube: Oxford Circus

www.foxcroftandginger.co.uk

Cupcakes, Cake & Cookies

All das findet man bei Bea´s of Bloomsbury. In den Anfangszeiten gab es lediglich
ein Café - inzwischen gibt es vier. Aber bei Bea gibt es nicht nur gute Cupcakes,
sondern auch immer eine gute Lunchkarte, auf der von Steak bis hin zu
Vegetarischem für jeden etwas dabei sein dürfte. Die Karte wechselt täglich.
Besonders niedlich: Bei Bea´s neben der St. Paul´s Cathedral
wurden Teekannen und Tassen als Deckenbeleuchtung umfunktioniert.
Unbedingt den Vanilla Nutella oder den veganen Chocolate Cupcake probieren!

Bea´s of Bloomsbury
83 Watlingstreet, London EC4M 9BX
Tube: St. Paul´s

www.beasofbloomsbury.com

Ginger & White

Wen es nach Hampstead verschlägt, der sollte es sich nicht nehmen lassen bei Ginger & White vorbeizuschauen.

In diesem kleinen Café gibt es vermutlich den besten Cappuccino in London. Das schöne Café liegt in einer ruhigen Seitenstraße und es gibt die Möglichkeit seinen Cappuccino auch draußen zu trinken. Neben dem wohl besten Cappuccino gibt es auch leckere Cakes und kleine Gerichte. Also das perfekte Plätzchen für eine kleine Pause während eines Bummels durch Hampstead.

Ginger & White
4a-5a Perrins Court, Hampstead, London NW3 1QS
Öffnungszeiten: 08.30- 17.30 Uhr

www.gingerandwhite.com

Cafe Mal Anders: Cafe In The Crypt

Ein ganz außergewöhnliches Café findet man
in der Kirche St. Martins in the Fields, direkt am Trafalger Square.
Dieses liegt nämlich unterirdisch in der Gruft der Kirche.
Ja, genau: in der Gruft! Die Tische stehen auf jahrhundertealten Grabsteinen,
an den Wänden hängen Gedenktafeln in Stein gemeißelt
und große Säulen stützen die Decke.
Hört sich erst einmal gruselig an? Ist es aber keineswegs.
Alles ist in warmes Licht getaucht, es riecht nach guter Küche und
die Räume und Nischen sind bestens gefüllt.
Hier bekommt man nämlich richtig gute Hausmannsküche
mit ordentlichen Portionen zu günstigen Preisen.
Allerdings herrscht Selbstbedienung, was jedoch dem Flair
des Cafés keinen Abbruch tut.

Café in the Crypt
St. Martin´s Place, London SW1A 2BN
Eingang über Fahrstuhl
Tube: Charing Cross

www.stmartin-in-the-fields.org

Hinterhofromantik bei Carlie's

Auf den ersten Blick würde man hinter
den weißen Mauern und dem Tor des
Hauses Nr. 59A am Anfang der
Portobello Road gar kein Café erwarten.
Die Farbe der weißen Mauer bröckelt,
das Tor quietscht, doch traut man sich
dennoch den Hof zu betreten, so findet man
am Ende ein kleines Café, das Carlie´s.
Dort gibt es guten Kaffee, leckeren Cake
und kleine Snacks. Gerade an den Samstagen,
wenn das Gedränge auf dem
Portobello-Road-Market besonders groß ist,
kann man kurz verweilen und sich etwas
von den Menschenmassen erholen.
Zudem sind die Preise für Londoner Verhältnisse absolut passabel.

Carlie´s
59A Portobello Road, London W11 3BD
Tube: Notting Hill Gate
Öffnungszeiten: Montag- Samstag 9.00-17.00
Uhr, Sonntag 10.00-15.00 Uhr

www.carliesportobelloroadcafe.co.uk

The Happenstance

Ein wirklich hübsches Restaurant oder Bar oder Bistro, wie auch immer man es bezeichnen mag, ist das Happenstance, direkt neben St. Paul´s Cathedral. Dort sitzt man nicht nur in einem schön eingerichteten Raum, nein, das Essen, auch das Frühstück, sind wirklich zu empfehlen. Die Speisekarte ist gut sortiert und es gibt täglich wechselnde Angebote. Zudem findet man an der Bar eine günstigere Snackkarte mit Burgern und Sandwiches.
Absolut zu empfehlen sind die hauseigen kreierten Mojito-Cocktails, die in verschieden Geschmacksrichtungen angeboten werden.
Einfach mal die Homepage besuchen, die allein macht schon Lust auf mehr ...

The Happenstance Bar
1A Ludgate Hill, London EC4M 7AA
Tube: St. Paul´s

www.thehappenstancebar.co.uk

Die Pub-Kultur

Die Kneipenkultur ist in Großbritannien deutlich ausgeprägter als es bei uns der Fall ist. Der Pub (Abkürzung für Public Bar) hat dort einen festen Platz im sozialen Leben. Äußerlich unterscheiden sich die Pubs von normalen Kneipen darin, dass sie meistens mit schwerem Holz ausgekleidet sind, insbesondere der Tresen, zudem ist überall
Teppich verlegt - was allein schon diese unglaubliche Gemütlichkeit ausmacht.

Man trifft sich hier auch schon in der Mittagspause um ein Ale zu trinken, besonders beliebt ist jedoch das After-Work-Bier. Man fährt nicht erst, wie bei uns eher üblich, nach Hause, zieht sich um und trifft sich dann erneut gegen 20 Uhr mit Freunden oder Kollegen. Hier kommt man direkt nach der Arbeit in den Pub und verweilt dort größtenteils bis zum Ende.
Offiziell ist die Sperrstunde zwar aufgehoben, die meisten Pubs schließen dennoch gegen 23 Uhr mit dem Läuten einer Glocke und dem Ausruf des Wirtes
„Last orders, please!" In den Großstädten wie London haben viele Pubs natürlich deutlich länger geöffnet.
Bestellt und bezahlt wird immer an der Theke, von der man die Getränke dann direkt mit an den Tisch nimmt. Trinkgeld zu geben, ist hier übrigens absolut untypisch.
In den meisten Pubs bekommt man jedoch nicht nur gutes Bier, sondern auch eine gut bürgerliche und günstige Küche.
Besonders die typischen Fish & Chips sind hier der Verkaufsschlager,
und das sollte man zumindest einmal probieren, wenn man schon bei einem Ale im Pub sitzt.

Sun in Splendour

Diese schöne Pub befindet sich mitten in Notting Hill.
Von der Decke hängen große Kronleuchter, die Inneneinrichtung ist freundlich in hellen Tönen gehalten und besonders hübsch und einladend ist der kleine versteckte Garten zur Hinterseite hinaus.
Ein Besuch lohnt sich besonders am Sonntag, denn dann wird im Sun in Splendour richtig groß gekocht. Im Angebot sind hausgemachte Braten und Fleischgerichte mit allem was dazu gehört, alle Zutaten sind aus der Region.
Die regionale britische Küche ist zudem viel, viel besser als ihr Ruf und so kommt man gerade in den Pubs in den Genuss typischer Hausmannskost.

The Sun in Splendour
7 Portobello Road, London W11 3DA
Tube: Notting Hill Gate

www.suninsplendour.co.uk

Elephants Head

The Elephants Head liegt im quirligen Camden.
Es macht allein schon Spaß sich in diesem Pub ein Plätzchen in der Ecke zu
suchen und sich die illustren Gäste anzuschauen, die dort einkehren.
Denn diese sind meistens genauso auffallend wie der ganze Stadtteil Camden.
Unbedingt trinken sollte man hier den hauseigenen Pimm´s.
Das ist ein typisch britisches Getränk. Dabei handelt es sich um einen Likör,
der mit Gin, Zucker, einer Gewürzmischung, und Minze, Zitrone,
Gurke, Erdbeeren angereichert und dann mit Ginger Ale aufgegossen wird.
Schmeckt besonders im Sommer schön erfrischend.

The Elephants Head
224 Camden High Street, London NW1 8QR
Tube: Camden Town

www.theelephantsheadpub.co.uk

Back to Black ...

Das war einer der bekanntesten Songs der verstorbenen Amy Winehouse.
Und der Pub The Hawley Arms war das zweite Wohnzimmer
der Queen of Retro-Soul. Fast täglich konnte man sie abends an der Theke
des Hawley Arms antreffen. Und das ist nicht verwunderlich,
denn der Pub ist richtig hübsch innen, mit einem großen Kamin
und goldenen Spiegeln an den Wänden.
Zudem gibt es hervorragende hausgemachte Burger aus frischem Beef mit
leckeren karamellisierten Zwiebeln und britischem Cheddar.
Amy trifft man zwar leider nicht mehr, aber abends gibt es ab und zu
gute Live-Musik zum Essen und Bier.

The Hawley Arms
2 Castlehaven Road, London NW1 8QU
Tube: Camden Town
Öffnungszeiten: täglich 12.00-24.00Uhr

www.thehawleyarms.co.uk

The Salisbury Pub

Der Salisbury Pub befindet sich direkt um die Ecke von Covent Garden.
Er besticht besonders durch viktorianisches Fensterglas rundherum und der
Spiegelverkleidung im Inneren.
Aber das ist nicht alles: die Küche ist hier wirklich hervorragend.
Hier sind nicht nur die Fish & Chips gut, sondern die Alternativvariante
Scampi & Chips sind richtig gut.
Lecker sind auch die Pies mit Hühnchen und Pilzen gefüllt.
Der Salisbury Pub ist eine gute Anlaufstation, um den Einkaufsbummel im Covent
Garden ausklingen zu lassen oder noch einen Cider nach dem Musicalbesuch
(die ganzen Theater liegen nämlich nur einen Steinwurf entfernt) zu trinken.

Salisbury Pub
90 St. Martin´s Lane, London WC2N 4AP
Tube: Leicester Square
Öffnungszeiten: täglich 11.00-23.00 Uhr

The Sherlock Holmes Pub

In diesen Pub kann man prima
einkehren, wenn man sich zuvor
noch die Nachtansicht
des Big Ben und des London
Eye angeschaut hat, da dieser
direkt um die Ecke liegt.
Und der Name ist Programm:
Alles erinnert an den großen
Meisterdetektiv von Sir Arthur
Conan Doyle. Dieser schrieb hier
nämlich die Geschichte
„Eine Studie in Scharlachrot".
Der Pub ist mit vielen Requisiten
voll gestopft, was allerdings
nicht negativ gemeint ist,
sondern sich positiv auf die
Atmosphäre auswirkt, und so
kann man sich bildhaft
vorstellen, wie Sir Arthur
Conan Doyle in einer Ecke sitzt
und über einem neuen
Kriminalfall seines Detektivs brütet.

The Sherlock Holmes
10-11 Northumberland Street, London WC2N 5DB
Tube: Westminster

www.sherlockholmespub.com

George Inn

Im George Inn geht es noch zu wie zu Shakespeares Zeiten.
Dieser Pub ist der letzte erhaltene Fuhrmannshof in London. Die Einrichtung ist schlicht und der Blickfang liegt hier ganz auf den hochglanzpolierten Holztischen. Bei gutem Wetter gibt es einen großen Biergarten im Innenhof.
Nachdem man einen Gang über den Borough Market gemacht hat, kann man hier prima zu Mittag essen und bei gutem Wetter die Sonne im Innenhof genießen.

The George Inn
75-77 Borough High Street, London SE1 1NH
Tube: London Bridge

Öffnungszeiten: täglich 11.00-23.00 Uhr

Veggi, Veggi, Veggi

London bietet auch für Vegetarier
und Veganer ein großes Angebot an
Restaurants und Bistros.
Zwei wirklich gute sind
das Raw 42 und Mildreds.

Im Raw 42 bekommt man
komplett vegane Speisen.
Die Gerichte sind jedoch alle so
pfiffig kombiniert, dass diese auch
ein Geschmackserlebnis für Nicht-Veganer
sind und man sich ruhig trauen sollte,
sich auf die vegane Küche einzulassen.

Raw 42

6 Burlington Gardens, London W1S 3EX
Tube: Piccadilly Circus
Öffnungszeiten: Montag bis Freitag 9.30 bis 17.00 Uhr, Samstag 10.00-17.00 Uhr,
Sonntag geschlossen.

www.42raw.co.uk

Das Mildreds gibt es seit 1988. Hier werden vegetarische Speisen
aus der internationalen Küche serviert.
Man sitzt sehr schön in einem kleinen Raum mit alten und modernen
Möbelstücken in angenehmer Atmosphäre. Allerdings sollte man vorher einen
Tisch reservieren, da das Mildreds gerade an den Wochenenden sehr beliebt ist.
Besonders zu empfehlen sind die hausgemachten Ravioli
mit einer Kürbis-Ricotta-Füllung in Weißweinsauce.

Mildreds

45 Lexington Street, London W1F 9AN
Tube: Oxford Circus

www.mildreds.co.uk

Steaks & Burger

Gute Steaks bekommt man bei
Steak & Co an der Charing Cross Road.
Das Angebot ist groß - auch für Gäste,
die kein Steak mögen oder
gar kein Fleisch essen.
Es werden kleine Vorspeisen
und gute Salate angeboten,
zudem gibt es auch andere Gerichte
mit Lamm, Schwein und Huhn.
Die Qualität der Steaks
ist sehr gut und die hausgemachten
Steaksaucen schmecken
hervorragend dazu. Auch das
Preisleistungsverhältnis angemessen.

Steak & Co
3 Charing Cross Road, London WC2A 0HA
Tube: Charing Cross

www.steakand.co.uk

Wer lieber einen guten Burger isst, der geht zu Burger & Lobster.
Dort gibt es im übrigen nicht nur gute Burger, sondern auch gute Hummer.
Alles ist lecker angerichtet und die Chips,
die zu jedem Essen
serviert werden, sind besonders gut.

Burger & Lobster
Insgesamt gibt es in London vier
Restaurants, deswegen weitere
Informationen unter:

www.burgerandlobster.com

Fifteen

Das „Fifteen" ist ein Restaurant des
berühmten britischen Kochs
Jamie Oliver, welches er im Jahr
2002 eröffnete. Die Gerichte werden
aus bekannten Zutaten gekocht,
das Geschmackserlebnis jedoch
völlig neuartig. Die Preise sind,
anders als man erwarten würde,
wirklich moderat. Für 24 Pfund
bekommt man mittags ein 3-Gänge-
Menü aus verschiedenen Vor-,
Haupt- und Nachspeisen, die man
selber zusammenstellen kann.
Hier sollte man den Tisch jedoch
schon lange vor dem geplanten
Besuch reservieren.
Mit etwas Glück steht Jamie Oliver
dann auch selber an den Töpfen.

Fifteen
15 Westland Place, London N1 7LP
Tube: Old Street

www.fifteen.net

Muriel's Kitchen

Direkt am Leicester Square findet man
Muriel´s Kitchen. Und der Name
ist hier Programm. Die Küche ist offen und die
Einrichtung ist einer kleinen amerikanischen
Farmhouse-Küche nachempfunden.
Alles ist in freundlichen Mint-Tönen
eingerichtet, in den Regalen an der
Wand stehen Tassen, Brotboxen,
Küchenhelfer, und damit wird eine
schöne heimische und private
Atmosphäre geschaffen.
Die Speisekarte wechselt monatlich,
wobei die Küche wert auf gesunde Zutaten
legt. Hier kann man zudem ganztägig essen
und schon mit einem guten Frühstück in den Tag starten.
Wirklich ein hübscher Anlaufpunkt.

Muriel´s Kitchen
7-9 Leicaster Square, London WC2H 7NA
Tube: Leicaster Square
Öffnungszeiten: Montag-Samstag 8.00-23.00Uhr, Sonntag 9.00-22.00 Uhr

www.murielskitchen.co.uk

Und am Abend ...

da geht man ins Bill´s! Denn dort ist es abends
besonders schön. Überall stehen Kerzen auf den Tischen
und in den Wandregalen.
Von der Decke hängen Kronleuchter
und alles ist in ein warmes
und wohliges Licht getaucht.
Dort lässt es sich also einen schönen
Wein trinken und eine Kleinigkeit essen.
Aber natürlich ist es auch tagsüber schön hier.
Die Einrichtung ist bunt zusammengewürfelt,
viel Holz und ein bisschen im Factory-Look
eingerichtet.

Bill´s
36-44 Brewer Street, London W1F 9TB
Tube: Oxford Street

www.bills-website.co.uk

A little Taste Of India ...

bekommt man bei Masala Zone.
Dort gibt es die typisch indische
Küche, von verschiedensten Currys
über alles andere was die indische
Küche so zu bieten hat.
Besonders einfallsreich ist hier
die Deckendekoration: Über einem
schweben unzählige Marionetten in
indischen Saris und anderer bunter
Bekleidung. Hier weiß man gar nicht,
ob man lieber das leckere Curry
auf dem Teller vor einem
anschauen soll oder die
schwebenden Puppen über einem.

Masala Zone
48 Floral Street, London WC2E 9DA
Tube: Covent Garden
Öffnungszeiten: täglich 12.30-23.00 Uhr

106

China Town

Wer sich in den Straßen rund um die Gerrard Street aufhält,
macht einen kleinen Ausflug in den fernen Osten. Hier ist man
mitten in China Town, die im Stadtteil und Vergnügungsviertel Soho
liegt.
Die Häuser sind mit chinesischen Drachen verziert und rote
Lampignons hängen über den Straßen. Wer sich im Februar
in London aufhält, sollte das Neujahrsfest mit großem Umzug
aus Drachenpuppen nicht verpassen.
Opiumhäuser in denen legal Opium konsumiert werden konnte,
findet man hier heute jedoch nicht mehr. Allerdings gibt es
inzwischen über 80 Restaurants, die authentische asiatische Küche
anbieten.
Besonders beliebt sind momentan die Dim Sum Restaurants,
dort werden ausschließlich kleine Häppchen aus der kantonesischen
Küche gereicht, wobei es sich meistens um Teigtaschen gefüllt mit
Fleisch, Fisch und Gemüse handelt.

www.chinatownlondon.org

Let The Music Play ...

Auch in den Abendstunden bietet
London Entertainment vom Feinsten.
Zunächst sind alle großen Broadway
Musicals in der Stadt vertreten.
Von Billy Elliot, über Bodyguard,
Dirty Dancing, König der Löwen,
Mamma Mia, Phantom der Oper,
bis zu We will rock you,
ist alles vertreten.
Hier kann man beim Half Price Ticket
Booth direkt auf dem Leicester Square
für alle Musicals Tickets zum halben
Preis bekommen.

Wer lieber ins Kino geht, sollte sich einen
Film im Electric Cinema, einem der
ältesten Kinos anschauen. Dort gibt es noch große, rote Ledersessel mit kleinen
Beistelltischen auf denen kleine Lämpchen stehen.
www.electriccinema.co.uk

Zudem gibt es an den Wochenenden in fast jedem Pub um die Ecke tolle
Live-Musik bei freiem Eintritt.

Besonders empfehlenswert ist hier die kleine Bar „Ain't Nothin' But Blues Bar",
in der immer live Blues vom Feinsten gespielt wird.
www.aintnothinbut.co.uk

Gordon's Wine Bar

... ist wohl die urigste Weinbar, die es überhaupt gibt. Im Keller eines Hinterhauses nahe Big Ben kann man ganz romantisch in den Gewölben seinen Wein trinken. An den Wänden des alten Gemäuers hängen zig kleine Bilder, in jeder der Nischen ist wieder ein kleiner Tisch versteckt und alles ist mit Kerzenlicht ausgeleuchtet. Zum Wein kann man Kleinigkeiten essen. Sooo romantisch und schön ... auch für ein Gläschen Wein mit der besten Freundin.

Gordon´s Wine Bar
47 Villiers Street, London WC2N 6NE
Tube: Westminster

www.gordonswinebar.com

It's Cocktail Time

Eine richtig gute Bar mit spitzen Cocktails ist die Tiger Tiger Bar zwischen Piccadilly- und Leicester Square. Von den Decken hängen riesige Leuchter, alles ist im Loungestil eingerichtet und gespielt wird elektronische Musik. Im hinteren Bereich ist eine Tanzfläche, die sich nach den ersten Cocktails recht schnell füllt.

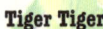

Tiger Tiger
29 Haymarket, London SW1Y 4SP
Tube: Piccadilly Circus

www.tigertiger.co.uk

Neuster Treffpunkt in Soho ist die Bitter Sweet Bar. Alles in weißes Leder gehüllt und mit bunten Neonröhren angestrahlt. Die Atmosphäre ist sehr schick und clean und ein guter Anlaufpunkt für den ersten Cocktail, bevor man in das Londoner Nachtleben aufbricht.

Bitter Sweet
4 Kingly Court, London W1B 5PW
Tube: Leicester Square

www.bittersweetsoho.co.uk

Eine ganz andere Bar ist die Ninetyeight-Bar. Man sitzt in goldenen Barocksesseln, auf dem Boden liegen Kuh- und Zebrafelle, in der Ecke steht ein pink Flamingo, goldene Kerzenleuchter an der Wand … Irgendwie sehr skurril und irgendwie aber auch so schön schrullig und interessant.

Ninetyeight Bar
98 Curtain Road, London EC2A 3AF
Tube: Shoreditch High Street

www.ninetyeight-bar-lounge.com

It's My Party ...

Wer zu späterer Stunde
dann noch ein wenig tanzen möchte, der geht in die Fabric.
Der Club ist einer der bekanntesten und gilt als einer der besten der Welt.
Gespielt wird House und Techno und die Stimmung ist jedes Mal gigantisch
gut. Wer zwischendurch eine Pause braucht, der ruht sich auf den riesigen
Lederbetten in der Lounge aus.

Fabric
77A Charterhouse Street, London EC1M 6HJ
Tube: Farringdon

www.fabriclondon.com

Für wen House und Techno nicht das Richtige ist, der ist vermutlich im Notting
Hill Arts Club gut aufgehoben. Hier geht es deutlich relaxter zu, es wird viel Jazz
etc. gespielt und die Atmosphäre ist gemütlich.

Notting Hill Arts Club
Notting Hill Gate 21, London W11 3JQ
Tube: Notting Hill Gate

www.nottinghillartsclub.com

Hotels & Co

Just Luxury

Die beiden besten Adressen, um sich hervorragend zu betten,
sind in London eindeutig das Savoy und The Goring.

Das Savoy beherbergte als Traditionshaus bereits alle großen Staatsoberhäupter,
Filmstars und Adelsfamilien. Etwas protzig und plüschig, kommt es dennoch
sehr edel daher. Dort fehlt es an Nichts und viele der Suiten haben einen
grandiosen Blick auf die Themse, Spa und Wellnessbereich sind hervorragend,
die Küche atemberaubend gut. Allerdings muss man sich diesen Luxus
auch einiges kosten lassen.
Dennoch, mehr Luxus als hier kann man wohl nirgends kaufen.
Kleiner Tipp: Wer nicht ganz so viel ausgeben möchte, aber dennoch einen
Nachmittag etwas Luxus genießen möchte, der reserviert einen Platz
zur Tea Time im Teesalon des Savoy.

The Savoy
Strand, London WC2R OEU

Eine andere große Adresse ist The Goring, das seit über 100 Jahren von der
gleichen Familie geführt wird. Hier geht es sehr gediegen zu. Kein Plüsch,
kein Protz, sondern nur britische Eleganz.
So übernachtete auch Kate Middleton vor dem Tag ihrer Hochzeit
mit Prinz William in diesem britischen Traditionshotel.

The Goring
Beeston Place, London SW1W OJW
Tube: Victoria

www.thegoring.com

Luxury 2.0

Weiteren Luxus bekommt man im
St. Pancras Renaissance London Hotel.
In dem historischen Gebäude, in dem der
internationale Bahnhof beherbergt ist,
befindet sich auch dieses großartige Hotel.
Alleine die Eingangshalle ist schon
unglaublich imposant und auch sonst
fehlt es in diesem Hotel an nichts.
Hier sprechen die Bilder am besten für sich ...

St. Pancras Renaissance London Hotel
Euston Road, London NW1 2QR
Tube: King´s Cross St. Pancras

www.marriot.de/hotels/travel/lonpr-st-pancras-renaissance-london-hotel/

Eine andere großartige Möglichkeit in London zu übernachten
bietet das Shoreditch House.
Dies gehört eigentlich dem SOHO House Club an, den die ein oder andere vielleicht
noch aus der Serie Sex and the City kennt. Im Soho House ließen es sich seinerzeit
schon Carrie, Miranda, Charlotte und Samantha gut gehen.
Das Shoreditch House liegt im gleichnamigen Stadtteil Shoreditch
im Norden Londons.
Von außen wirkt das Haus sehr unscheinbar, das Innere kann jedoch
mit tollem Retro-Charme überzeugen.
Die Zimmer sind liebevoll im Stil der Strandhäuser, wie man sie aus den Hamptons
kennt, eingerichtet und das Essen nimmt man an langen Tafeln gemeinsam ein.
Von der Coffee- and Breakfastlounge hat man
eine grandiose Aussicht über die Stadt.
Zudem bietet es einen Sitting Room, wo man in chilliger Atmosphäre lesen oder
im Internet surfen kann, einen Games Room
mit Bibliothek und Billardtisch, sowie ein
hervorragendes Spa – in dem Frau sich nach
einer anstrengenden Shoppingtour verwöhnen
lassen kann.
Absolutes Highlight ist jedoch der beheizte
Pool auf der Dachterrasse, von der man einen
überragenden Blick auf Londons Skyline hat.

Shoreditch House
Ebor Street, London E1 6AW
Tube: Shoreditch High Street

www.shoreditchhouse.com

The Z-Hotels

Ebenfalls eine gute Adresse, preislich jedoch im Mittelfeld,
sind die Z-Hotels in London. Insgesamt gibt es zwei Häuser.
Die Hotels bestechen durch urbanen Schick, sind funktional
und clean eingerichtet und vor allem schon unter 100 Pfund
die Nacht zu bekommen. Dazu kommt noch die sehr zentrale Lage.

The Z-Hotel Soho
17 Moor Street, London W1D 5AP
Tube: Covent Garden

The Z-Hotel Victora
5 Lower Belgrave Street, London SW1W ONR
Tube: Victoria

www.thezhotels.com

The Hazlitt's & The Rookery

Bei diesen beiden Hotels handelt es sich um zwei Schwesterhotels
mit außergewöhnlichem Flair.
Die Zimmer sind im venezianischen Stil eingerichtet, schwere Samtvorhänge,
Himmelbetten aus dunklem Holz, viel Gold, Badezimmer aus Marmor
mit freistehenden Badewannen.
Auch hier gilt, Bilder sagen mehr als Worte - einfach die Homepage anschauen!

The Hazlitt´s Hotel
6 Firth Street, London W1D 3JA
Tube: Tottenham Court Road

www.hazlittshotel.com

The Rookery Hotel
12 Peter´s Lane, London EC1M 6DS
Tube: Barbican

www.rookeryhotel.com

Bed & Breakfast

Eine günstigere Variante in London zu übernachten bieten
Bed & Breakfast Häuser an. Diese liegen zwar meistens etwas außerhalb,
sind aber schon lange nicht mehr so verstaubt wie ihr Ruf und stehen so
manchem Hotelkomfort in nichts nach.
Viele Londoner haben sich auf Gäste eingestellt und die Zimmer und Häuser
dementsprechend renoviert. Somit gehört ein eigenes Badezimmer inzwischen
zum Standard, und man muss morgens auch nicht gezwungenermaßen
gemeinsam mit der Großfamilie am Küchentisch essen, sondern es gibt einen
kleinen Frühstücksraum, oder man darf die üblicherweise vorhandene Küche
auch ganztägig nutzen.
Eine schöne Möglichkeit mit Einheimischen in Kontakt zu kommen.

Eine besonders gute B&B-Agentur, die entsprechende Zimmer vermietet,
ist London Bed & Breakfast. Die Zimmer sind sorgfältig ausgewählt und die
Beschreibungen sehr detailgenau. Besonders zu empfehlen sind die B&B´s Myra,
Marianne und Elisabeth.

Für weitere ausführliche Informationen und viele Fotos der einzelnen Zimmer:

www.bed-breakfast.de

Und Sonst Noch ?!?

Sanctuary Spa Covent Garden

Wer einen etwas längeren Aufenthalt in London geplant hat und wen die Füße vom Shopping und Bummeln schon ein wenig schmerzen, der kann sich im Sanctuary Spa entspannen und sich verwöhnen lassen. Dort gibt es viele tolle Beautyangebote, einen Swimmingpool, Jacuzzi, Hamam und viele andere Möglichkeiten zu entspannen.
Zudem gibt es spezielle Tagesangebote inklusive Essen und Anwendungen. Besonders der Ruheraum ist außergewöhnlich: Die Ruheliegen stehen auf kleinen Stegen, darunter befindet sich ein großes Wasserbecken mit Koikarpfen. Dies ist wirklich ein schöner Ort, um die Seele ein wenig baumeln zu lassen.

Sanctuary Spa Covent Garden
12 Floral Street, London WC2E 9DH
Tube: Covent Garden

www.sanctuary.com

Spend A Night At Golders Green

Golders Green ist ein Viertel im Bezirk Barnet im nördlichen Teil Londons.
Zunächst wirkt Golders Green wie eine gemütliche Kleinstadt.
Der Besucher steigt aus der U-Bahn (Northern Line) und findet zunächst eine
belebte Geschäftsstraße mit einladenden Cafés vor - die Golders Green Road.

Wie selbstverständlich reihen sich zu beiden Straßenseiten Fleischereien,
Supermärkte und koschere Restaurants
mit hebräischen Schriftzeichen aneinander. In Golders Green lebt eine
der größten orthodoxen jüdischen Gemeinden in ganz Großbritannien.
Nun ja, so weit so gut ...

Besonders ist hier jedoch das Leben, das sich am späteren Abend auf der Golders
Green Road vor den vielen kleinen Bagel-Bäckerein abspielt.
Insbesondere nach Ende des Schabbats, trifft sich die Gemeinde
- vom Rabbi bis zur Jugend - zu frischen Bagels.

„Carmelli" ist hierbei Londons bekannteste jüdische Bäckerei. Sie ist wochentags,
wie viele andere Läden auf der Golders Green Road, bis ein Uhr morgens und nach
Ende des Schabbats die ganze Nacht hindurch geöffnet.
Vorwiegend dort trifft man sich am frühen Sonntagmorgen bei Bagels und Pizza.

Also eine tolle Möglichkeit bei besonderer Atmosphäre den Abend
in London ausklingen zu lassen ...

Hot Tub Cinema

Das ist wohl das außergewöhnlichste Kino, das man sich vorstellen kann.
Über den Dächern Londons werden von Juni bis September alte Filmklassiker auf
der Leinwand gezeigt. Als Hintergrundkulisse dient Londons Skyline.
Und wäre das nicht schon Sensation genug, kommt der Clou erst noch:
Man sitzt nicht in herkömmlichen Kinosesseln,
nein, man sitzt in überdimensionalen Planschbecken.
So lassen sich heiße Sommernächte in der Stadt hervorragend aushalten
und die Filmklassiker werden damit noch besser als sie ohnehin schon sind.

www.hottubcinema.com

A Little Bit Of History Repeating

... gibt es im Dennis Servers House. Das Haus in der Folgate Street lässt einen
nachempfinden, wie das Leben im 18. Jahrhundert gewesen sein muss.
Der Künstler Dennis Server kaufte das heruntergekommene Haus
in den 70er Jahren und richtete alles wie damals ein.
Im Kamin brennt Feuer, Kerzen flackern, auf dem Tisch steht eine dampfende
Tasse schwarzer Tee, daneben eine angebissene Scheibe Toastbrot.
Jedes der zehn Zimmer erzählt eine andere Geschichte, und für uns als stille
Beobachter wird die Geschichte nicht nur sichtbar, sondern durch den Geruch
des Essens, des Feuers und der Gaslaternen auch spürbar.
Wirklich eine kleiner, liebevoll gestalteter Ort der Vergangenheit
und ein Besuch ist lohnenswert. Versprochen!

Dennis Servers House
18 Folgate Street, London E1 6BX
Tube: Shoreditch High Street
Besondere Öffnungszeiten und Dinnertimes unter:

www.dennisservershouse.co.uk

Sherlock Holmes

... und Dr. Watson sind wohl das berühmteste Detektiv-Duo der Geschichte.
Es gibt wohl niemanden, der die beiden von Sir Arthur Conan Doyle
erschaffenen Figuren nicht kennt und schon zu Schulzeiten
im Englischunterricht die spannende Jagd
auf den Hund von Baskerville mitverfolgt hat.
Die beiden lebten Ende des 19. und Anfang des 20. Jahrhunderts
in der Baker Street 221b. Dieses Haus ist heute ein Museum.
Vermutlich eines der kleinsten und schnuckeligsten Museen überhaupt, denn
alles ist eingerichtet, wie es in den Büchern des Detektivs beschrieben wird:
das Schlafzimmer, der Wohnraum. Wer die Bücher aufmerksam gelesen hat,
wird alles ganz genau wieder erkennen - ja sogar die Vermieterin Mrs. Hudson
öffnet einem die Tür. Alles ist wirklich ganz liebevoll aus alten Requisiten seiner
Zeit zusammengesucht und ausgestattet. Der Besuch ist ein Erlebnis.

Sherlock Holmes Museum
221b Baker Street, London NW1 6XE
Tube: Baker Street
Öffnungszeiten: täglich 9.30- 18.00 Uhr

www.sherlock-holmes.co.uk

From Hell ...

Wirklich ein großartiges Erlebnis ist auch der „Jack-the-Ripper-Walk".
Dieser startet bei Einbruch der Dunkelheit am Tower of London.
Und bevor man sich versieht, befindet man sich mitten in
Whitechapel zu Zeiten Queen Victorias.
Der Führer der Tour ist so großartig, dass man sich schon nach kürzester
Zeit in das Jahr 1888 zurückversetzt fühlt. Gemeinsam durchstreift
man die düsteren Seitenstraßen Whitechapels und wird zu den
Originalschauplätzen der Morde geführt.

Dort wird detailreich erzählt, wie sich damals die schrecklichen Morde an
Mary Jane Kelly und ihren Kolleginnen abgespielt haben könnten.
Man wartet somit ständig darauf, dass er, Jack the Ripper, gleich aus dem
Schatten einer dunklen Seitengasse heraustritt und vor einem steht.
Die Tour endet am Pub „Ten Bells" - dem Pub, in dem sich die Opfer
im Jahr 1888 regelmäßig zum Trinken getroffen haben
und von dort aus in ihren Tod aufbrachen.

www.jacktheripperwalk.com

Praktisches Zum Schluss ...

Travel To And In London ...

Inzwischen gibt es gute und günstige Möglichkeiten nach London zu reisen.
Für einen Wochenendtrip muss man nicht mehr die weite Reise mit Auto
und Fähre oder Eurotunnel auf sich nehmen.
Viele Flughäfen in Deutschland fliegen die beiden Flughäfen Luton
und Stansted an, wo man mit den „Billigairlines", wie Easyjet und Germanwings
für unter 100 Euro hin- und zurück fliegen kann. Von den Flughäfen verkehren
Shuttle-Busse oder Expresszüge bis in die City.
Wer nicht gerne fliegt kann mit dem Eurostar fahren und trifft ebenfalls in
kürzester Zeit in Großbritanniens Hauptstadt ein.

In London ist die einfachste und wohl auch günstigste Variante sich
fortzubewegen, die London Tube (London Underground).
Das Steckennetz ist sehr gut ausgebaut und man erreicht alles in kürzester Zeit.
Mit der Day- oder Weektravelcard, kann man zudem so oft fahren,
wie man möchte (dies gilt auch für den Overground, den Busverkehr).
Allerdings sollte man ab und zu auf den Stadtplan schauen,
da man zu Fuß manchmal schneller ist, als mit der Underground.

Wer nebenbei noch etwas von der City sehen möchte, der nimmt den Bus,
allerdings ist das Streckennetz recht komplex, wenn man
nicht nur gerade die Straße hinauf möchte.

Die klassische Variante ist die Fahrt mit einem typischen britischen Taxi -
dem Black Cab. Hier fährt man entspannt und muss sich nicht mit den ganzen
anderen Menschenmassen in einen der Tube-Wagons quetschen.
Allerdings ist diese Variante nicht das schnellste Fortbewegungsmittel,
da man im überfüllten Londoner Verkehr gerade zu den Rush Hours
schon mal etwas länger an den Ampeln warten muss.

London for less ...

Ohne Frage, London ist eine der teuersten Städte,
in denen man seinen Urlaub verbringen kann, hier sind allerdings ein paar Tipps,
die den Geldbeutel etwas entlasten:

- Der Eintritt in die meisten Museen ist frei, in der Tate Gallery,
  der Modern Tate und dem Britischen Museum, sind sogar
  die Führungen kostenlos

- Die Wachablösung (Mai bis Ende Juli, täglich um 10.30Uhr)
  kann man umsonst anschauen

- Die meisten Kirchen (außer St.Paul´s & Westminster)
  haben freien Eintritt

- Straßenkunst von Banksy & Co gibt es umsonst:
  www.streetartlondon.co.uk

- In vielen Pubs gibt es tolle Live-Musik

- www.freelondonevents.co.uk

- www.whatsfreeinlondon.co.uk

Londons Flora und Fauna

Was man in einer Großstadt wie London zunächst gar nicht erwarten würde, ist das viele Grün. Denkt man an Großstadt, so denkt man an Betonbauten und kahle Straßenschluchten. Das ist in London anders - es grünt überall. So lassen sich hier über 1700 öffentliche Grünflächen finden, wobei die großen, wie zum Beispiel der Hyde Park, Flächen von über 4000 Quadratmeter aufweisen.

Hier kann man nicht nur die Mittagspausen angenehm verbringen, die Parks dienen den Londonern auch als wichtige Naherholungsgebiete, die besonders an den Wochenenden hoch frequentiert sind. Das Angebot an Sportmöglichkeiten ist groß, man kann z.B. Kanu fahren, Inlineskaten oder auf ausgewiesen Wegen mit Pferden die Parks erkunden. Und so lässt sich hier beim Sonntagspicknick schnell die Großstadthektik vergessen.

Allerdings sollte man beim Sonntagspicknick auf „Mitesser" gefasst sein. Denn in den Parks sind auch so manche mehr oder weniger aufdringliche Tierchen unterwegs.

Und während man seine hübsche Picknickdecke ausbreitet und darauf Köstlichkeiten wie Sandwiches, Scones und Cupcakes auspackt, schleicht sich meistens hinterrücks schon eines dieser niedlichen Eichhörnchen an.

Erst freut man sich noch über diesen niedlichen Besuch mit dem puscheligen Fellschwänzchen, aber dennoch sollte man mit den süßen Tierchen seine Cupcakes nicht teilen. Bevor man sich umsieht, zerrt man nämlich mit dem kleinen Eichhörnchen an dem Törtchen um die Wette und ist meistens der Verlierer. Merkt das süße Tierchen das, ist dessen Familie nicht mehr weit, und dann endet das Picknick damit, dass man seine Köstlichkeiten gegen mehrere aufdringliche Eichhörnchen verteidigen muss. Gleiches gilt übrigens auch für die großen weißen Schwäne im Hyde Park.

Dennoch, ein Picknick bei Sonnenschein im Park ist etwas Großartiges.

Save The Date

Die wichtigsten Dates auf einen Blick...

Januar	Am 1.Januar um 11.45Uhr alljährliche Neujahrsparade www.londonparade.co.uk
Februar	Chinesiches Neujahr - großer Umzug mit Tanz und Drachenpuppen. Datum wechselnd: www.chinatownlondon.org
März	17.3. ist St. Patrick´s Day, irischer Nationalfeiertag. Große Parade am Trafalger Square
April	London Marathon - über 40.000 Teilnehmer, viele in lustigen Verkleidungen für wohltätige Zwecke www.virginlondonmarathon.com
Juni	Immer am 2. Samstag: Trooping the Colour - Geburtstagsparade für die Queen www.trooping-the-colour.co.uk
August	Anfang August: Beer Festival mit 500 Ales und Ciders www.camra.org.uk
Letzter Sonntag:	Notting Hill Carnival, Straßenkarneval mit buntem Umzug www.thenottinghillcarnival.com
September	2. Wochenende: The Mayor´s Thames Festival - Londons größtes Outdoor-Kulturfestival www.thamesfestival.org
November	5. November: Bonfire Night. Nächstgelegenes Wochenende: großes Feuerwerk, zum Gedenken an die misslungene Sprengung des Parlaments durch Guy Fawkes im Jahr 1605
Dezember	Große Party am Trafalger Square zu Silvester

World Wide Web

Noch ein paar Adressen, die Ihnen weiterhelfen könnten:

- Allgemeines: **www.visitlondon.com**
  und **www.london.de**

- Alles zu Bus, Tube & Cabs: **www.tfl.gov.uk**

- Vergünstigungen fürs Sightseeing: **www.londonpass.de**

- I know this great little place in London (Insiderwissen):
  www.greatlittleplace.com

- Die besten Einkaufsstraßen: **www.streetsensation.co.uk**

- Guter Blog mit aktuellen Tipps:
  www.now-here-this.timeout.com

- Modeblogs: **www.britishstylebloggers.org.uk**

Inhalt von A-Z

Nachweis der Hintergrundmuster

Bei den Hintergrundmustern handelt es sich um Tapeten verschiedener Hersteller.

Folgende Hintergründe gehören zu der Kollektion Ginger Tree und sind über den Hersteller Rasch zu beziehen.
www.raschtextil.de

Folgender Hintergrund stammt aus dem Design des Tapetenherstellers Sanderson und ist über **www.sanderson-uk.com** erhältlich.

Folgendes Design ist über **www.hookedonwalls.com** zu beziehen.

Und die nachfolgenden Tapeten stammen aus der Kollektion Dollhouse und sind zu beziehen über **www.smita.de**